青春文庫

伸び続ける子が育つ
お母さんの習慣

高濱正伸

文庫版によせて

花まる学習会という学習教室を開いて四半世紀経ちました。仕事はあるし家庭も持っている一見うまくいっている側に見える人も、伴侶というたった一人のパートナーとすら良好な信頼関係を築けない人だらけである。テストの成績を基準に構築された教育の全体を、生命力と人間力を芯にしたものに大きく変革しなければならない」

と考えたのです。大きく3つの視点で仕事をしてきました。

第一は「考える力」。思考力とは「見える力（見えない本質や相手の気持ち・アイデアや補助線などが見える力）」と「詰める力（論理力や要約力・やり抜く力など）」の二つが核心であると定義づけ、なぞぺーという新しい教材を開発しました。これは、市販もされるようになり、Think!Think!《シンクシンク》というアプリとして世に問うまでになりました。ちなみにThink!Think!は、２０１７年のGoogle《グーグル》 Play《プレイ》 Award《アワード》にて、全世界の全アプリの中から、子ども向けベスト5に選ばれました。

第二は野外体験。「この公園でボール遊びをしてはいけません」「この川に入ってはいけません」と立て札を立てるのが、学校や自治体の仕事となってきました。それでよいのでしょうか。本来大人が責任を取って、川や森や草原での自由遊びを存分にさせてあげることが、教育の本筋ではないでしょうか。設立当初20人規模のサマースクールでスタートして、今では年間１万人以上を国内・国外各地の野外体験に引率しています。

そして第三が、「親こそを変える」ということです。最高の塾に行っても家で保護者がイライラしていたら、伸びも半減です。

たとえば「わかってはいるけれど、上の子にきつく言いすぎてしまう母」がどんな気持ちなのか。そういう母の心に肉薄すべく、多くのインタビューや現場での観察をもとに、事例集を語る講演「母親だからできること」を創作し、講演会を続けてきました。その心は、講演で笑い泣いてスッキリしてもらうことで、お母さんたちにニコニコママになってほしいということです。

おかげさまで、この講演は20年以上続き、全国から呼ばれるものになりました。この本は、その講演会の内容をもとに構成してあります。２０１２年に上梓《じょうし》し、おかげさまで、多くの「読んでよかった」「子育てが楽になりました」という声をいただきました。今回文庫化の機会を得ました。ハンディになることで、より多くの子育て中のお母さんに届いてくれると、本当に嬉しいなと思います。

今子育てを頑張っているお母さんたちにとって、この本が少しでも力になれたら嬉しいです。

花まる学習会代表　高濱正伸

プロローグ

伸び続ける子の母には共通点があった！

☆「伸びる子」と「伸び悩んでしまう子」はどこが違う？

小さいころは勉強ができたのに、小学校高学年から中学あたりで伸び悩んでしまう子がいます。

反対に、小さいころはボーッとしていたのに、あとからグンと伸びる子がいます。

「伸びる子」と「伸び悩む子」。この差はいったいどこにあるのでしょう？

学生時代から予備校の講師として多くの受験生を指導し、30年近い塾講師の経験からいえば、**学力の伸び悩み・つまずきをはじめとする様々な問題の原因は、ほとんどの場合、幼児期・児童期の「家庭環境」にあって、とくに「母親」が重要なカギを握っていると**確信しています。

こう書くと、「私の育て方がいけないから、成績が伸び悩んだ」と誤解し、自分を責めてしまうお母さんもいるでしょう。

いいえ、この本でお伝えしたいのは、そういうことではありません。

これから詳しくお話ししますが、基本的に哺乳類《ほにゅうるい》は母さえいれば育つ、**大好きなお母さんのために頑張るのが子どもだ**と私は考えています。

お母さんの喜ぶ顔見たさに、どんな無理なことでもやり通す一方、お母さんがイラだった顔をしていて「自分を認めてくれていない」と感じると、とたんにやる気がくじけてしまう。

お母さんのまなざしひとつで、子どもの「エネルギー」は違ってきます。

それだけ子どもにとって母親は絶対的な存在なのです。

自分を責めてしまう前に、**お母さんがストレスや不満をためていないか、お母さんが幸せかどうか**。ここが一番重要なのです。

一流の人の共通点は「お母さん像がいい」

おかげさまで、最近は一流の仕事をしている方々とたくさん会えるようになりました。

そういう方たちに育ってきた環境の話を聞くうちに、気がついたことがあります。それは、彼らの「お母さん像がいい」ということ。

飲みながら打ち解けての話は、テキトーとまでは言いませんが、ノリは軽口・冗談の類《たぐい》です。ところが、「どんなお母さんでしたか？」と問いかけたときだけ、気持ちの入れ方が違う。しみじみと「かわいがってくれましたねえ」と言う瞳が充実しています。

心のなかに占める母の大きさが伝わってくるのです。

たとえば、幼いころに積み木に夢中になっていて、顔を上げたときに、母のやさしいまなざしがある。「かわいいな」と自分を見つめる母の目。自分を慈《いつく》しんでくれているまなざしは、言葉はなくても子どもの心にしっかり刻み込まれています。

仕事や勉強で能力を発揮できた人の共通点は、お母さん像がいいこと――この私の仮説を確信に変えた調査があります。

ある東大の先生が東大生何人かにアンケートをとって家庭環境を調べたところ、2項目だけ全員が共通して○をつけたものがあったそうです。それが、

「一度も勉強しろと言われたことがない」

「お母さんがニコニコしていた」

の二点だったそうです。

簡単に言えば、小さいころに成功体験をたくさん積んでいるということでしょう。本当に小さなことでいいのです。

子どもが洗濯物をたたむのを手伝ったら、「あら、ありがとう。おりこうね」。「今日、先生にほめられたよ！」と子どもが言ってきたら、「あら、よかったわね」。

――それだけで十分です。

子どもはお母さんの「あら！」の顔が見たい。やさしいまなざしがほしくて生きているのです。

それが子どもの根っこの部分で自信につながります。ニコニコのお母さん像を持っている人が、大人になって力を発揮できている人なのです。

では、**お父さんの役割は何かというと、ニコニコのお母さん像をわが子が持てるように、お母さんを支えてあげること**だと考えています。

★「勉強だけできる子」ではなく、「メシが食える人」に育てる

一般に「学力が高い子」というと、「勉強ができる子」を想像する人は多いでし

ょう。

しかし、勉強ができて、受験競争に勝ち抜き、いい大学に行けば、それでいいのでしょうか。

まわりを見渡してみれば、「いい大学を出たのに社会で通用しない」「一流企業に入ったのに職場の人間関係になじめず、ひきこもりになってしまった」というケースは多々あります。

いま求められている「本当の学力」とは、単なる知識の詰め込みや学習の理解度ではなく、ましてやテストの成績で測れるものではありません。

学んだ知識や技能を活用して自分で問題解決し、新しい道を切り開いていく総合的な力だと考えています。

私の言葉で言いかえれば、「将来、メシが食える力」です。

「メシが食える大人に育てる」

実は、この言葉は、私が1993年に「花まる学習会」を立ち上げたときに掲げた塾の教育方針です。

塾を設立する前、予備校で大学受験生の学習指導をしていたときに、「将来メシ食えないだろうな」という子がたくさんいました。

言われたことはやるけれど表情が乏しくて覇気《はき》がない。学ぶ意欲はもちろん、すべてにおいて意欲がない。受験テクニックを教えて大学に合格させることはできるけれど、社会人としてメシを食っていけないのではないか。こんな若者ばかりでは日本は危ない！　そんな心配が大きくなったわけです。

社会人になってからの人生は荒波です。家族や気の合う友人に囲まれていた学生時代と違い、上司にイヤな人もいれば、部下に変なのもいる。「なんでこんなことにクレームをつける人がいるんだろう」などということも当たり前です。世の中、そういうものだからです。

それなのに、**壁にぶち当たるたびにめげてしまう若者がなんと多いことか。彼らが決まって言うセリフが、**

「合わない」「傷ついた」

自分に合わせない社会が悪いという発想です。

社会に出れば、合わない人だらけです。ちょっとぐらいイヤなことがあっても気迫ではねのけ、前のめりに進んでいく人間を育てなければいけません。

なぜ、こんな若者が育ちあがってしまったのか。

この問題を突き詰めていくと、**子ども時代、とくに人間としての土台がつくられ**

る小学校低学年までの教育に行きつくということに気づいたのです。

たとえば、「いじめがあってはならない」という大義名分のもと、もめごとやケンカを事前に防いでしまう除菌教育――。

でも、実社会ではそんなのウソでしょう。古今東西、人類のいるところ、必ず仲良しもいればいじめもある。教えるべきなのは、いじめを起こらないようにすることではなく、必ず起こるけれども「はねのけて生きていけよ」ということです。

自分が生き残るためには、強いやつに自分を合わせていかなきゃいけないときもあるでしょう。きれいごとではないのです。

繰り返しますが、勉強ができても、一流大学に入っても、コミュニケーション力や他人と合わせる力がなければメシは食えません。それが本当の学力なのです。

その力をつけるのが、子ども時代、とくに小学校3年生くらいまでです。なかでも母親の役割は重要です。

子どもをメシが食える大人にするためのキーパーソンは「母親」なのです。

本書では、「母親の役割」や「母親に求められていること」について、あらゆる角度からお話ししていくことにします。

学習塾の立場で「母親学級」を行っている理由

私は現在、年間100回以上にわたってお母さん向けの講演会を行っています。3日に1度は講演をしている計算になります。

「学習塾の立場で、なぜ、お母さん向けに話をしているのですか？」とよく聞かれます。それは、先にも少しふれましたが、〝**子どもの問題の背景には、必ず母親の心の不安定がある**〟と気づいたからです。

戦後、核家族化するなかで、家族のスタイルは大きく変わりました。家族のために頑張れば頑張るほど帰宅が遅くなる夫。「それくらい大丈夫！」と言って子どもを抱っこしてくれた地域のおせっかいおばちゃんの不在。子どもとふれ合ったことのない人が母親になっている現実……。

母親という仕事はなかなか評価されません。女性の場合、学生時代にしろ就職してからにしろ、日々、人との関わりのなかで評価されてきたものが、「○○ちゃんのお母さん」になったとたんにパタンとなくなってしまいます。

24時間、子どもという生き物と対峙《たいじ》する孤独な時間は、地獄といってもいいかもしれません。それでも子どもはかわいいですし、お母さんは頑張ってしまうのです。でも、本当は誰かに頼りたい、認めてほしい、支えてほしいのです。このストレスやイライラが蔓延《まんえん》している「家族カプセル」に風穴を開けなければなりません。母親こそ、どんどん外に出て行って、心を開く必要があると痛感したのです。このことを伝えたくて日々、講演に励んでいます。

さらに、母親の心が安定するためには、父親も変わらなければいけません。妻の気持ちを受け止め、話を聞いてあげるだけでもいい。父親にも意識を変えてほしい。それから父親向けの講演会も行うようになりました。すべては、子どもたちが自立して生きていける人、魅力的な人に育つことを目指してのことなのです。

目次

CONTENTS

伸び続ける子が育つ
お母さんの習慣

第1章 目先の勉強より、将来の「こやし」となる経験をたくさんさせる

――お母さんだからできる「学ぶ土台づくり」の習慣

第２章

〝親の基準〟さえあれば、どんなに厳しくっても大丈夫！

――お母さんだからできる「しつけ」の習慣

第3章 頑張り抜く力が出るか、やる気がしぼんでしまうかは「そのひと言」次第

――お母さんだからできる「会話」の習慣

第4章

「ニコニコ母さん」のもとで種は芽が出る、芽は伸びる！

——お母さんだからできる「環境づくり」の習慣

カバー・本文イラスト　北砂ヒツジ
本文デザイン　岡崎理恵
編集協力　樋口由夏

第1章

目先の勉強より、将来の「こやし」となる経験をたくさんさせる

――お母さんだからできる「学ぶ土台づくり」の習慣

1 オタマジャクシ時代の経験は一生のベース！

この章では「本当の学力を伸ばす」ことについてお話ししますが、その前に、大前提としてお伝えしたいのが、ゴールは社会人になってからイキイキと仕事を、人生を楽しんでいる、メシが食える大人であるということです。

子どもに対して一生懸命なあまり、わかっていてもゴールがずれてしまう場合があります。

親としては、目の前の子どもを見るとつい、**いい中学に、いい高校に、いい大学に入れること、そのために勉強をすることに意識が集中してしまいがちですが、目指すのは自立した大人であることを忘れないでください。**

そのうえで、私の講演会でも定番になっている、子ども時代に大切な2つの箱の話をしたいと思います。

まず、4～9歳までの赤い箱（色に意味はありません）の時期。この小学校3年生くらいまでのオタマジャクシ時代はとても重要です。10歳はグレーゾーン。それ以降、11

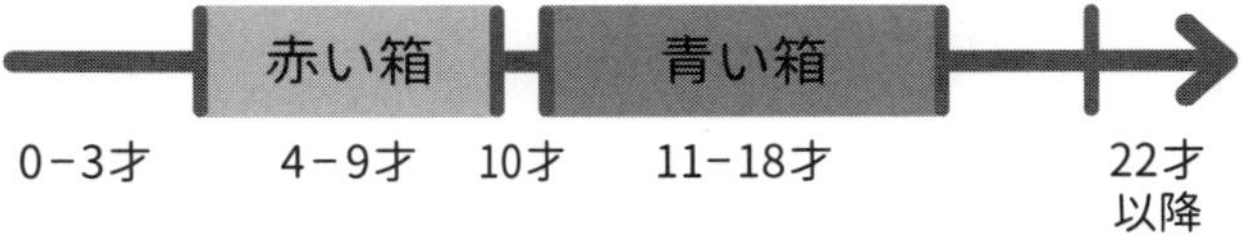

〜18歳までの青い箱の時期はいわゆる思春期で、カエルの時代です。

オタマジャクシ時代に起こった問題は、夫婦の意識改革で克服できたケースが多いのです。

ところが、カエル時代に起こった問題となると、打率は相当下がると覚悟してください。この時期に1週間、2週間と不登校になってしまったら、学校に行かせるというハードルは高くなるというのが、現場で見てきた人間として私が言えることです。もちろん、打率は落ちますが、打つ手はあります。

思春期以降の不登校の問題については別の機会にゆずるとして、これからお話しするのは、オタマジャクシ時代がいかに重要かということです。

逆に言えば、**オタマジャクシ時代をのびのびと過ごせた子は、カエル時代に多少の波はあろうとも、乗り越えることができる**のです。

2 遊びつくした時間が「集中力」を養う

落ち着きがない、やかましい、何度言っても直らない——これが低学年の、とくに男の子の特徴です。

「いったいどうしたらいいの?」と言うお母さんの悩みはわかります。でも、当たり前なのです、オタマジャクシなのですから。

「何回言ったらわかるの!」

「少しはじっとしてなさい!」

お母さん、こんなふうに怒鳴ってもムダですよ。これではまるで水のなかを気持ちよく泳いでいるオタマジャクシに「なんで泳いでいるの!」と言っているようなものです。

その一方で、この時期の子どもは、好きなことに夢中になっているとき、とてつもない集中力を発揮するものです。

「集中力」は、幼児期を逃してしまうと育てるのが難しくなる能力です。では、集中力はどうすれば身につくのでしょうか。

答えは簡単。子どもが夢中になれること――思いきり遊ぶことしかありません。もちろん遊びといっても、子どもが自分からのめり込むようなイキイキとした遊びのことであり、ゲームなどは論外です。それには外遊びが一番です。

自然のなかで少々痛い目にあいながらも、自然への恐れを肌で感じながら、思いきり走り回るのもいいでしょう。秘密基地づくり、虫取り、鬼ごっこなど、何でもＯＫです。もちろん、室内での遊びでもかまいません。

以前、消しゴムのカスを空き缶いっぱいに集めたものを大切そうに見せてくれた子どもがいました。また、鉄道マニアで列車記号を覚えてしまう子どももいました。

親から見れば「何の役にも立たないことを」と思いがちです。でも、子どもにとっては大事な体験をしているのです。

私はそんな子どもたちを見ると、オタマジャクシ時代をオタマジャクシとしてのびのび過ごしているな、とほほえましくなるのです。

お母さんにはそんなオタマジャクシ君を無理やり陸に上げないでほしいと思います。**この時期にとことん遊びつくした体験をもった人は、大人になっても粘り強くやりつくす人が多い**と感じます。

3 〝答えを導きだすこと〟より〝「わかった！」という脳の快感〟が大事

私が子どもたちに味わわせたい体験のひとつに、**〝わかっちゃった体験〟**があります。

与えられた問題に対して、すぐに答えを求めたがる子は、伸びません。

問題を見せると、じっと考え込んだあと、おもむろに顔を上げて

「これ、足し算？　それとも引き算？」

と聞いてくる子がいます。これは、考えることを放棄してしまった子どもの特徴です。

考えて、自分で答えを見つけたときの快感を知っている子どもは、安易に答えを知ろうとはしません。

試行錯誤して、自分で手を動かして、ふとした瞬間、豆電球がパッとつくように「あ、わかった！」――この快感をたくさん味わわせてほしいのです。

オタマジャクシ時代に〝わかっちゃった体験〟をたくさんした子どもは、ズルをしない子になります。

たとえば、問題の解答を言おうとすると、「待って！　言わないで」と言うような子

です。そんな面白くないことするな、とでも言わんばかりです。自分で答えを出さなかったら面白くない、といった感覚を知ってしまえば、もうしめたものです。

中学や高校、大学受験の場面で**難しい問題に当たってあきらめそうになったとき、最後にものを言うのは「絶対に自分で解きたい」という執念やしつこさのようなものです。**

それは、幼児期にどれだけ〝わかっちゃった体験〟を重ねているかにつながっています。

学習面だけではありません。この執念は、**将来、自分の夢を実現させたいとなったときに、「自分で最後までやり遂げたい」という、強い〝意志の力〟にもなる**でしょう。

やり遂げる喜びを知っている子どもは、多少の苦難も乗り越えていくと思います。

そんな子どもが一人でも増えてほしい、やり遂げる喜びを伝えたいと、私も日々努力している毎日です。

4 もめごとはこやし、学校は〝もまれ〟に行くところ

いつの間にか、メディアを中心にケンカはいけないことにされてしまいました。体罰をする先生がいれば、たちまち血祭りにあげられる。もちろん、本当に問題のある先生もいますが、もともと熱血漢で愛されている先生も多いのです。

私がここで言いたいのは、暴力を肯定することではありません。「ケンカ＝悪」という考えによって、いまの子どもたちになされている無菌教育についてです。

以前、私の塾にいたA君のエピソードです。

そのころ、私は授業の帰り際、5、6年生の子どもたちとよくプロレスごっこをしていました。A君もじっと見ていたので「入れば？」と声をかけると、「いいです、汚れますから」と言います。でも子どもたちは「きっとあいつも入りたいんだろう」と抱きしめてワーッと仲間に入れました。

すると、A君は抱きしめた私の腕にツメを立てたのです。とっさに私は「この子はケ

ンカをしたことがないんだな」と悟りました。幼稚園児ならともかく、これは問題だと思った私は、その後すぐにA君のお母さんに電話をしました。

「この子は小さいころ、ケンカをしていないんじゃないですか？」と聞くと、

「ええ、ケンカなんかさせません！」

お母さんはまるでいいことのようにおっしゃいます。

しかし、**学校など集団生活の場というのは、子どもは〝もまれ〟に行っているのです。**人間、もまれてナンボです。

オタマジャクシ時代の第一歩の〝もまれ〟に耐えられなければ、カエル時代の厳しい〝もまれ〟にも耐えられないでしょう。

もまれ体験、失敗体験を積み重ねてこないと、やがて大人になってもすぐに心がポキンと折れてしまう、社会人として通用しない人になってしまいます。

ですから、ケンカやもめごとを親が未然に防ぐなんてもってのほか。

子どもも時代のもめごとはこやし。喜びの経験がたくさんあってほしいのと同じように、どんどんもまれたほうがいいのです。

5 〝ささいなケンカ〟を〝大ごと〟にするのは子どものためにならない

もし、わが子がいじめにあったら、どうしますか？

「うちの子が○○君にぶたれたって言ってるんですけど……」

こんなふうに、すぐ学校に問い合わせてしまうかもしれません。ところが、母親の対応として、これは最悪のパターン。生傷をつくったり病院に行くほどのことなら伝えたほうがいいでしょうが、たいていは〝たかがケンカ〟を〝大ごと〟にして、相手の子どもの親も謝りに行かせる、といったケースが多いのです。

では、どうすればいいのでしょうか。子どもがオタマジャクシ時代かカエル時代かで対応は異なります。

まずオタマジャクシ時代の場合。この時期の子どもの悩みは、親に言えるものがほとんどです。たとえば「今日、○○君がぶってきたんだよ」と言ったら、**指示命令ではなく、ただ聞いてあげてください。**

聞くときのポイントは、①繰り返す（「○○君がぶってきたんだね」）、②言い換える

（「○○君がなぐりかかってきたのね」）、③共感する（「痛かったね、かわいそうに」と抱きしめる）の3つ。これを〝カウンセリングマインド〟と言います。こうすることでたいていはスーッと心の霧が晴れてしまうことが多いものです。

当然ですが、子どもはお母さんに電話なんかしてほしいと思っていません。**世界で一番大好きなお母さんがわかってくれただけでいいのです。**大人の都合で電話などするから、問題が深刻化してしまうのです。

一方、カエル時代はそうはいきません。下手《へた》をすると自殺につながるケースもありますから、デリケートな対応が必要です。

最悪なのは、すぐ学校や校長に伝えて、「事件化、言語化、被告化」してしまうこと。子どものプライドはズタズタに傷ついてしまいます。深刻ないじめは6年生くらいからスタートすることが多いのですが、私の体験から言っても、それを乗り越えたらすごい力になりますから（172～175ページ参照）。

大事なことは、カエル時代にいじめは起こるけれど、はね返せるような力をつけること。それには、オタマジャクシ時代の土台づくりが大切です。

たくさん経験を積んで、もまれることです。何度もぶつかって、いい加減で人とつき合える子にできるかどうかなのです。

6 「小さな成功体験の積み重ね」が底力になる

プロローグでも述べましたが、**小さい成功体験をたくさん積み重ねた子は、社会に出てから頑張り抜く底力を持っています。**何事もスタートは小さな成功体験です。**どんな小さなことでも、お母さん（もちろんお父さんも）にほめられた経験をたくさん持っているかどうか**にかかっています。

たとえば、水泳を習っている子どもが「今日、6級から5級に上がったよ」と言ったとします。お母さんは「えっ！　あら、よかったねー」と言いますよね。それだけで、子どもの胸のなかはぷわ〜と張り裂けそうなくらいの誇らしさでいっぱいのはずです。

もっと言えば、**小さいころ、1回でもいいからモテたかどうか**です。

私たちの塾が夏に行っているサマースクールで、もともと腕をケガしていたために、川遊びに参加できなかった女の子がいました。彼女は石を拾って遊んでいましたが、大事な石を急流のなかに落としてしまいました。もう半泣きの状態です。そこへ小学1年生くらいの男の子が通りかかり、「どうしたの？」と声をかけたのです。

「ピンク色の石を落としちゃった」と聞くと、「いいよ、オレ、探してあげる」。その男の子は川に何度も入って探し、ピンクの石を見つけ出しました。そして、「はい」と女の子に渡して、さーっと行ってしまいました。

これはもう、ボーイ・ミーツ・ガール。〝初恋のヒーロー現る！〟の状態です。彼もきっと、「やったぜ！」と思ったに違いありません。

モテた、人の役に立った、異性にウケたという経験は大事です。

これは外に出て、友達と関わることがないと起こりようもありません。**子どもを外に出さなければ、人間関係の化学反応は起こらないのです。**

まずは、毎日の小さなことから始めましょう。

元気にあいさつができた、お手伝いができた、嫌いなものを食べられた、といった**「できたこと」をどんどんほめて、言葉を投げかけてください。**

日常生活のなかで小さな課題をクリアしたときのほめ言葉が、子どもの自信につながっていきます。

その小さな達成感は、やがて自ら大きな課題を設定し、目標を達成していく力になります。

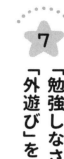

7 「勉強しなさい」という前に「外遊び」を

とくに「勉強しなさい」が口ぐせになっているお母さんにぜひ知っていただきたいのは、小さいころの外遊びが、学力のみならず、十数年後に大人になってからの資質にいかに深く関わっていくか、ということです。

外遊びには、生きていくために必要なすべての力が備わっています。まずわかりやすいのは体力。ゲームだけやっている子と走っている子とどちらが強いかは明らかです。そのほかにもコミュニケーション力、友達をつくる力、ルール遵守《じゅんしゅ》の姿勢、工夫して遊ぶ柔軟性、忍耐力、共感力、発想力、集中力……。知・情・意・体すべてが備わっています。

たとえばかくれんぼをしたら、「あの木の後ろに○○君がいるな」といった空間認識力がつくでしょう。**空間認識力をつけるには、外遊びこそ最高です。**走って跳んで、木に登って下りて、ボールを蹴ってはじいて、外遊びは空間認識だらけです。また、樹木をゴールポストに見立てるといった想像力や、いつも遊んでいるメンバーが一人増えたら、ルールや遊び方を変えるといった柔軟性、発想力、判断力もつくでしょう。もっと大きく言ってしまえば、**「人生って楽しいな」という気持ちを味わう**ということなのです。人間というものは、人生が楽しければ頑張れる。その元は、遊びしかないのです。

遊んだことがどれだけ楽しかったかということ。朝起きて「さあ、今日は何をやろうかな」という気持ちになる。それには、どれだけ遊びこんだか、遊びの質も大事です。

何もない野原や河原で遊べるのが本当の遊びです。テーマパークもいいけれど、やはりこの手の遊びは受け身です。「自分たちで決める」醍醐味《だいごみ》を放棄してしまうのはもったいない。子どもだけで、異学年での外遊びができれば一番理想的です。年長から6年生まで一緒に遊んだら、それだけで社会的な力が身につきます。年長の子に配慮して、「こういう遊びにしよう」とみんなで遊べるものを工夫しますし、ルールを変えるでしょう。

「みんなといると、なんか楽しいぞ！　ケンカもするけど、仲直りだってできるんだ。勉強なんてやればできるよ」――こういった**根拠のない自信のようなものをつけてあげたい。それは「遊びこんだ経験」からしか積み上げることができません。**遊びこんだ経験をたくさん積んだ子が大人になったとき、エネルギッシュで魅力的な「モテる人」になるのです。

「なんか楽しい！」という経験を、子どもにたくさんさせてあげてください。

8 遊びが苦手な「いい子」の落とし穴とは

遊びこんでいない子や遊びが苦手な子が問題になるのは、たいてい「母親にとってい い子」のケース。母親に「こうしなさい」と言われているなかで、ずっときてしまったような子は要注意です。

自分で決めて本当にやりたいことをやってきたわけではありませんから、勉強だって本当は好きではない。**「こうすればママが喜ぶから」やっているパターンが一番危険です。**素直に聞いているうちはいいのですが、そのうち勉強嫌いになるだけでなく、その子自身をつぶしてしまうことにもなりかねません。

一方、ただ外遊びが苦手で運動も苦手、絵を描いたり本を読んだりするのが好きといった子もいます。

絵や本が好き、図鑑ばかり見ている。もちろんそれ自体は悪いことではありません。それがとても好きで、好きなことをしているときに集中しているなら、そのまま伸ばしていってあげてください。お母さんが「この子の生きる道はこうなんだ」というふうに見ていてあげるのも大切です。

でも、それでもなお、「何か一つ、運動ができたほうがいいですよ」と言いたい。それはなぜか。

ひと言で言えば、**運動ができたほうがモテる**からです。身もふたもない言い方かもしれませんが、子どもとはそういうものです。運動ができたほうがかっこいいのはまぎれもない事実です。

運動がどうしても無理なら、楽器もおすすめです。楽器は、運動が苦手な子でも活躍できる分野です。たとえば、高校生にもなれば、ちょっとくらい走るのが遅くたって、ギターができればモテたりするでしょう。

私の経験からも、**ひきこもってしまった子は、外遊びや運動の量が少ない子がほとんどでした。**そういう子どもはみんな「ママにとってのいい子」であり、人間関係の面での経験も足りません。

読書は大切ですが、本からは生身の人間関係は学べません。ひきこもりの恐れがあった子がサッカーや水泳で一発逆転、変身したケースは数えきれないほどあるのです。

9 「言われた通りにする力」より「見える力」を身につける

仕事ができる人とできない人の差は、どこにあるのでしょうか。

よく「勘が悪い」と言いますね。仕事ができる人は、すなわち勘がいい人です。勘が悪いということは、「見えないものが感じられない」ということです。言われた通りに仕事をすることはできても、それだけではダメだという発想ができる人がいま、求められています。

この、**見えないものが見えてしまう力は、図形問題で問われます。**

問題が提示している図形のなかに自然に見えてくる線を「補助線」といいますが、補助線が引けるかどうかは、実は切実な問題です。中学入試にしろ大学入試にしろ、国家公務員試験にさえも図形を問う問題が出るのは、従来の発想にとらわれない独創的で発想力が豊かな人、見えないものが見えてしまう力を持っている人に来てもらいたいからなのです。

現場で見ていると、補助線などが見える力は10歳くらいまでが勝負です。もちろん、試験を通るという意味では、テクニックでパターン化したものを覚えてしまうといったこともできます。でも、それでは試験は合格しても、社会に出て本当に役立つ「見える力」は身につきません。

見える力をつけるためには、ドリルをどれだけやるかよりも、体全体を使ってイメージする経験を豊富にすることなのです。そしてそれは、どれだけ走り回ったか、遊びこんだかによって決まるのではないかと思います。

どんなに勉強ができても、人間力がなければ、社会に出ても太刀打ちできません。本来ならば低学年のうちに、ケンカしても仲直りできる力、つらいことやイヤなことがあっても乗り越える力を身につけなければならないのですが、いま、子どもたちは、ケンカをしてはいけません、危ないところで遊んではいけませんと言われ、力強い人間力を育む経験ができないでいます。

子どもたちに「本当に見えてしまう能力」を授けられたらと思います。そのためには、前述した外遊びの機会や、小さな成功体験をたくさん積み重ねて、根拠のない自信のようなものを持たせることが大切なのです。

10 逆境に強いのは、どんな状況でも楽しみきる子

人生には晴れもあれば雨もあります。選択できないこと、受け入れるしかないこともたくさんあります。そんなときに愚痴《ぐち》や恨みつらみを言わず、そのなかでベストを尽くすこと、与えられたものを受け止めて楽しみきる子に育てることはとても大事です。

あるサマースクールで、3泊4日のスケジュールすべてが雨ということがありました。何となく曇った表情の子どもたちに向かって、私はこう言ったのです。

「4日間、全部雨だったね。残念な気持ちを持っている人もいるかもしれないけれど、こういうときって大事なんだよ」

ダメな大人の典型は、愚痴を言ったり他人をうらやんだりする人。こんなとき、「あーあ、雨だよ、つまんないなあ」「いいなあ、晴れの回だった人は」と言う。だけど、みんなにはそういう人になってほしくない。だって天気は選べないし、どうしようもないことだから。**大事なのは、天気に限らず、「与えられた条件でベストを尽くす」「与えられた状況を楽しみきる」ということだ**と。

「実際、みんなも川で遊べたし、たくさん楽しめたよね。それはみんなの心がすばらしかったからなんだ。これからも、どんな状況でも満喫して楽しめる人になってください」

こう話し終えると、子どもたちの目がキラリと変わるのを感じました。私の言葉を真っすぐに受け止めてくれたことが伝わってきました。

思い通りにならないとき、つらいときこそ最高のチャンスです。

なぜなら、成長して社会人になったとき、どうにもならないことや理不尽なこと、不運としかいえない状況に追い込まれたときに、その逆境を乗り越えることが大切だからです。そしてそれは、**小さなことでもいろんなことを乗り越えた経験によってしか培われません。**

天候などは最もシンプルな例でしょう。ちょっと意識を変えて、選べない条件なら楽しむしかないのです。

「うまくいかない理由づけ」をする大人も、現実にはたくさんいます。でも、子どもたちには雨だって楽しめる人に育ってほしいと思いませんか。

どんな状況でも楽しみきる。置かれたところでベストを尽くす――。これは、学力のみならず、将来子どもたちが生きていくうえで大きな力となるはずです。

11 子ども同士で「すっげー」と言われる〝得意技〟をつくってあげよう

子ども時代で大きいのは、何かひとつ〝得意技〟を持っているかどうか。「剣道なら誰にも負けない」とか、「鉄道のことを一番知っているのはオレだ」とか、「私は絵だったらいくらでも描ける」とか、何でもいいのです。好きならそれをきわめてほしいのです。

得意技が〝生まれる瞬間〟に立ち会えたことがあります。

B君という天体好きの男の子の話です。それまでは学校ではおとなしく、外遊びも苦手で、やさしいけれども押しの弱さが見られるタイプでした。

野外体験でのこと。子どもたちがきれいな星空を見上げていたら、ひときわキラリと光る星を見つけた子どもが、私を呼ぶのです。

「先生ー、あの星の名前、なんていうの？」

私はとっさに名前が出てきませんでした。しばらく考えていると、B君が、

「アルクトゥルスですよ、先生」

と、ぽそっとつぶやいたのです。そのときです。「おー‼」と子どもたちから心から感心したような、低い歓声が起きました。そして「すげー‼」の声。

こういうチャンスを逃してはいけません。私は「ちょっと、みんな聞いて！　B君は、高濱先生も知らない星を教えてくれました。拍手！」と言い、彼は拍手に包まれました。

それからです。B君のあだ名は「博士」になりました。翌朝からはもう「博士、これは何ですか」「博士、この星はなんていうんですか？」と子どもたちがB君に寄ってきてはいろいろと質問をしてくる光景が見られました。B君は、星が大好きだったという**たったひとつの得意技ですっかり自信をつけ、性格まで変わっていきました。**勉強も燃えるような心で取り組むようになりました。

子どもは**子どものなかで評価されると自信がつきます。**大人が取ってつけたようにほめても、子どもにはわかってしまいます。また、「でも、この子、やさしいんですよ」といったような、大人からの配慮された言葉はいりません。**子ども同士で「すっげー」と言われることをつくることです。**それはもしかすると、親から見たら「そんなことに夢中になるより、勉強してよ」と思うようなことかもしれません。でも、子どものなかで「すっげー」と言われることなら大丈夫。それがやがて、社会的な自信をつくっていきます。

12 先取り学習より大切なのは「人の話を聞けること」

「うちの子は勉強が心配」と言うお母さん。まわりを見れば、小学校入学時で早くも足し算・引き算ができたり、難しい漢字が書ける子などに目を奪われて、わが子と比べて焦ってしまうこともあるかもしれません。でも、焦る必要はまったくありません。

私が幼稚園時代から小学校低学年にかけて最もやってほしいことは、「人の話を聞けること」、これ一点のみです。前に人が立ったら、その人を見て、その人の「言いたいこと」に焦点を当てて集中して聞けること。

私たちの塾でも、入塾する際に、「人の話を聞く」ことを伝えています。教室で**先生が話を始めたら、私語や手遊びはせずに、先生の目をしっかりと見て話を聞くということ。これが学習の土台づくりとして重要なのです。**

義務教育段階では、姿勢よく先生の話を聞くことができれば、学業ではまず困らないはずです。

先取り学習をして、技術や知識を機械的に詰め込むことは簡単です。でも、それよりも日々の姿勢、日々の聞く力で学習の土台をつくること。学習の仕方を取得するのはその後です。急がば回れで、この時期の学習にはテクニックは必要ありません。

とくに小学校のうちは、いい姿勢で話をよく聞けていれば、あっという間に追いついてしまいますし、高学年では追い越してしまいます。**あと伸びする子は、聞く姿勢がいい子です。**

小学生になると、幼稚園時代と違い、学校での様子はあまりわからないので、親はつい詮索してノートやテストを見ては、**「きちんとした字を書きなさい」「この点数は何なの？」**とガミガミやってしまいがちです。

私は**「きちんと病」「結果病」と言っていますが、これでは逆効果です。**

低学年時代のテストの結果など、どうでもいいとまでは言いませんが、大問題ではありません。高学年になればできるようになるのですから。先生に確認しなければいけないのは、たったひとつ。

「先生の話をちゃんと聞いていますか」

授業参観で見なければいけないのも、この点のみなのです。

13 「やり抜く力」は走りこみ、遊びこみの経験から

私が確信していることに、**「脚力がある子は伸びる」**というものがあります。それも、あと伸びする子が多いのです。

具体的に言えば、長距離をしっかり走りこんだ子です。たとえば1500メートルでタイム5分切るような子は、学力がある子が多い。これは事実としてあるのです。

もちろん根拠はあります。先ほどお話ししたように、中学生くらいまでは、先生の話をきちんと聞けるというだけで、ある程度の結果は出るものです。しかし**高校あたりになると、勉強は粘り強さが勝負になります。**

数学などでは、突破口がまず見えないし、見つかったとしても筋道立てて最後まで証明しきるのは至難のワザ、という問題も多いのです。

自分で解くことにこだわるしつこさのようなもの、この〝やり抜く力〟は、体験によってしか身につけることができないものです。これは、生来の頭の良さをも超える力になります。

長距離系の粘り強さというのは、勉強面での「最後までやり遂げたい」「あきらめない」といったことにつながっています。

どんなに勉強ができても、難しい問題に当たったとき、「もういいかな」とあきらめたくなるのが人間です。そこを**やり通すような子は、やはり脚力が強い子や思いっきり遊びこんだ子が多いのです。**そういう子どもは何か生きる力をつかんでいるのかもしれません。

先日、たまたまトップ企業の人事研修や採用に関わっている方と話したところ、いま、各企業が求めているのは「コミュニケーション能力」と並んで「粘り強さ」だとおっしゃっていました。それくらい、ほんのちょっとしたことで心がポキンと折れてしまったり、あきらめてしまう若者が多いということでしょう。

長距離に限らず、**何か熱中できることを見つけた子は、粘り強さという宝を持っています。**

最後までやり遂げる達成感が味わえるような体験を、子どもたちにたくさんさせてあげてください。

14 漢字練習で「がまん」を覚える

社会に出てから頑張り抜くためには、粘り強さが必要です。脚力と並んで、粘り強さづくりの土台になっているなと感じるものに、「漢字とどう向き合うか」があります。基本的に漢字学習は、子どもにとって苦役《くえき》であり、グラウンド10周に匹敵《ひってき》する粘り強い精神力を必要とします。

漢字を一文字一文字ひたすら書いていく作業。根気がなければ続けることはできません。漢字練習を喜んでやっている子など少数派でしょう。

私の長年の経験でも、漢字にひたすら取り組めた子は、かなり高い水準で高校や大学の入試結果につながっていますし、就職できなかった例など聞いたことがありません。

子どもたちが勉強において、最初に「がまん」を覚えるのが漢字練習です。

漢字は国語力の土台であることはもちろん、すべての科目の文章題問題を正しく集中して読み解く精読力の基盤になります。

そもそも漢字の知識がなければ、勉強はスタートしないのです。漢字が読めない子、書けない子は、あらゆる教科が伸びないと言っていいでしょう。

私はお母さんたちに、「漢字だけは泣こうがわめこうが厳しくやらせてください」と言っています。ほかの学びについては、本人のやる気を大切に育《はぐく》むということが大切ですが、漢字だけは厳しくやってよい、喜びと自信はあとからついてくるというのが、私の信条です。

何も怒鳴りちらす必要はありませんが、**お母さんはやさしさのなかに毅然とした態度で、「漢字はやると決まっているもの」と厳しく伝えてあげてください。**

最初は「言ってもやらない」「泣いて反発する」などと手を焼くかもしれませんが、スタートが肝心です。

私たちの塾では「花まる漢字検定」というものを行っていて、すこぶる有効なのですが、日本漢字能力検定など、何か目標を設定するのも工夫のひとつかもしれません。

15 耳で覚える時期の低学年、復習が意味をもつ高学年

小学校低学年までは、耳で聞いたことをどんどん吸収する時期です。花まる学習会でも、四字熟語を音読して、耳から入った音を口に出して記憶するといったことをやっています。意味と使い方は高学年で学習すればいいのです。

ですから、低学年の時期は、家庭では口頭での言語環境が充実していることが最も重要です。

第3章で詳しく述べますが、たくさん会話をすること、正しい言葉づかいをさせる（間違っていたら会話のなかで指摘して修正する）こと。それから、母親自身がいろいろな言葉を使ってみせることです。

たとえば「それは類似性があるね」などと言えば、必ず子どもは「るいじせいって何？」と聞いてきます。これがチャンスです。

低学年の子どもが耳で覚えた言葉を「これ何？」「どういう意味？」と聞いてきたら、できるだけていねいに答えてあげてください。上にきょうだいがいれば、わざと上の子

と難しい言葉を使ってみせるのもいいでしょう。

一方で**高学年は、学校の先生なり、塾の先生なり、誰かに預ける時期です。**宿題をやらないことも、家でだらしないことも、全部叱ってもらいましょう。さらにそこで勉強の仕方まで教えてもらえるのなら申し分ありません。

４年生以降で大事なのが、ノートのとり方です。**やりっぱなしにしない、わからないままにしない**ということが大切です。そのためには単なる丸写しはバツ。何を言いたいのかをよく聞き、わからないときだけノートにしていきましょう。あとで見返すことを意識してノートをとっているかどうかもポイントになります。

また、花まる学習会で高学年から行っているのが「ことばノート」です。わからない言葉があったら書きとめておき、読み方と意味を書いていきます。そうやって、ノートに残して覚えていくのです。私もいまだに「ことばノート」をつくっています。

この時期は難しいことが面白くなる時期でもあります。親はあくまでも勉強に介入しないこと。子どもが質問してきたら答えてあげることは必要ですが、信頼できる先生を見つけて、その先生と子育てを共有していくことが、健《すこ》やかな母でいられる秘訣です。

16 「バツ」をつける指導は逆効果！「最後は花まる」の心構えで

学校での様子がわからないと不安になったお母さんは、ノートやテストから情報を得ようとします。

すると、親というのは、**なぜかできないところに目がいってしまうものです。**ついアラ探しをしてしまうのですね。

「お母さん、言ったでしょ！　なんでここ間違えたの？」

「この字は何？　もっとていねいに書きなさい」

ノートやテストだけ見て判断するとこうなります。

「95点！　よかったねー」ではなく、「できなかった5点」について、あれこれ注意してしまうのです。

お母さんにガミガミ言われ続けた子は、心の中で「うるさいな」と思いながら聞いています。やがてそれを避けるために、テストを隠す子になってしまうでしょう。

これは実は、お母さんがかなり孤独で不安定な状態であることが原因であることが多いのですが、本人は気づいていないのです。

では、×《バツ》があったときは、どうすればいいのでしょうか。

小学校3年生までは簡単です。「じゃあ、もう1回、ゆっくり考えてごらん」と間違った箇所を口頭で聞いて、説明できればよし、です。

できたら「本当は満点だよね」と言いながら、お母さんが花まるをつけてあげればいいのです。青ペンなどで色を変えれば、お母さんからの花まるだとわかりやすいでしょう。

要は、**子どもに「自分はできるんだ！」というプラスイメージですべて終わらせるということ。これをただ繰り返すだけです。**

最終的には満点、という考え方で子どもに自信をつければ大丈夫。お母さんが、

「絶対大丈夫、あなたは頭がいいんだから」

と毅然として言うくらいの心構えでいてください。

17 「いい成績をとればママは喜ぶ」条件つきの愛に注意

子どもにとって、大きな支えになるのが母親の愛です。こういうと当たり前のことに聞こえるかもしれません。いつも怒ってばかりいても子どもを愛しています。子どもがかわいくて仕方がないという人ばかりでしょう。ただし、ここに落とし穴があるのです。

塾生にC君という小6の男の子がいました。お母さんは、流産を何度も繰り返してC君を授かりました。死ぬほどかわいい子どもです。このお母さんには自分は第三志望の大学にしか行けなかったというコンプレックスもあって、「わが子だけは」と必死に勉強させていました。

ある日、お母さんが私のところへ、段ボール箱に入ったA4の紙がつながったものを持ってきました。「高濱先生に見ておいていただきたくて」と言いながら見せられた巻物のような紙には、折れ線グラフが書いてありました。

なんと、C君が幼稚園児のころからの偏差値をグラフにしたものでした。この家庭では小学校の受験もしていて、年長からのわが子の成績表を欠かさず記録していたのです。

驚きましたが、問題は、C君の夕飯がほぼ毎日「コンビニ弁当」だったことです。これだけの成績表を作る手間と時間はあるのに、コンビニ弁当。おかしいと思いませんか？　コンビニ弁当が悪いと言っているのではありません。愛情のかけ方の問題なのです。

この例のように、わが子がかわいいはずなのに、いや、かわいいからこそ、母親の愛がずれてしまうケースはよくあります。

自然に「いい成績をとればお母さんは喜ぶ」「お母さんは、ぼくが勉強さえできればいいんだ」というメッセージが子どもに伝わります。

わが子のために一生懸命になっていることが、**「勉強ができるあなたがOK」という、子どもへの無言のメッセージになってしまうのです。**つまり、〝条件つきの愛〟です。

成績に一喜一憂したっていい。でも、**子どもは母親の無条件の愛、「生きているあなたがOK」というメッセージがほしいのです。**無条件の愛、無償の愛を注がれ続けた子どもは、本当にメンタル面が強いです。

本来、子どもは生きているだけで百点満点なのです。どうか子どもに無条件の愛のエネルギーを注いであげてください。

18 10代になったら接し方を切り替えて。口出ししすぎは子どもをつぶす

11〜18歳までの若いカエル時代で最も大切なのは、お母さんが認識を変えること。子どもはいつまでもかわいいオタマジャクシではありません。もうとっくにカエルに変身しているのに、お母さんが変われない場合が多いのです。

子どもが高学年になるあたりから、親はうざったい存在になります。「あっち行ってて。一緒に歩かないで!」といったことを言い始めるのです。お母さんのことは変わらず大好きなんだけれども、ちょっと距離をおきたい時期なのです。

また、たとえば「私が言わないと、この子は何もやらないんです」といったような、「この子はこういう子」「うちはこうなんです」といった思い込みの中で子どもを抑え込んでしまうパターンもよくあります。これが危ない。子どもに向かってNGワードを連発していないか、イヤな気持ちをさせていないかを胸に手をあてて考えてください。

主体性が見られないのが問題だった小学校4年生の男の子がいました。あるとき、塾からの帰り際、あいさつができずにいると、お母さんがすかさず「さようならでしょ!」

と言いました。

これか、と思いましたね。最初は注意を促すつもりだったのに、次第にイライラしてエスカレートしてしまい、子どもを追い詰めてしまうパターンもよくあります。これでは親に依存してしまう関係から抜けきれないでしょう。

何より母親が変わらなければいけません。過度な口出しや干渉はついやってしまいがちですが、子どもの自主性の芽をつぶしてしまいます。

高学年になって、宿題をやっていかない、親への連絡をきちんと伝えないといって相談にくるお母さんがいますが、これはお母さんが過干渉であることによって依存関係ができてしまった場合が多いのです。

カエルに変身したわが子に気がつかないでガミガミやってしまうと、子どもをつぶしてしまい、結果的に勉強嫌いにさせてしまうだけです。

子どもは成長する存在です。カエルになるときは必ずやってきます。そのときは「あ、来たな」と思えばいいのです。お母さんが心の準備をしておけば落ち着いていられるのではないでしょうか。

19 高学年の女の子は「後輩の女性」として扱うとうまくいく

子どもがもうカエル時代に突入していることは頭ではわかっているのに、気持ちが切り替えられないお母さんは、「今までこんな言い方で反発しなかったのに」「まったく言うこと聞かないんだから！」と悩んだり、子どもの対応に苦慮してしまうことが多いようです。

でも、それは子どもが健全に育っている証拠です。ここまでの子育てがうまくいっているからこそ、子どもがカエル時代の入り口に入ったということなのです。

とくに女の子の対応は難しいものです。女の子の場合、高学年になれば、もうほとんど大人です。それを切り替えられないお母さんが子ども扱いして、娘から猛反発を受けているケースもよく見ます。小学校5年生以降の女の子は、大人として扱うべきです。もう母親のことを一人の女性として見ていますし、するどい批判もします。

では、高学年の女の子のお母さんはどう切り替えればいいのかというと、娘を女性の後輩だと思えばいいのです。会社に入ってきた新人ＯＬと先輩女子社員のような関係とでもいうのでしょうか。

そして、**恋のアドバイスや洋服のアドバイスから、男性の選び方まで教えてあげましょう。**高学年の女の子はすでに驚くほど現実的なところがありますから、結局はどんな男性と結婚すべきかといった話などをすると、とても盛り上がるのです。この時期にいい関係ができていると、母娘は一生仲良くやっていけます。

一方、高学年の男の子は、母親からどんどん離れていく時期です。母親にとっては異性ということもあり、何を考えているのか意味がわからない、ということも多くなるでしょう。**この時期に入ったら、もうよけいなことは言わず、習い事や塾など、外の師匠にまかせるべきです。**それも、ものわかりのいい先生ではなく、いけないことはいけないとビシッと言いきってくれるような人だと理想的です。

お母さんにとってはいつまでもかわいいわが子ですし、まだまだ幼児期の気分を引きずってしまいがちなのですが、ここまできたら「えいっ」と気持ちを切り替えることが大切です。

気をつけるべきは、子どもに対して腫《は》れ物にさわるように対応しないことです。生活のだらしなさや約束を守らないなど、本当に叱るべきときはビシッと叱ってください。

20 「親に愛されている」絶対的自信があれば心は折れない

カエルの時代、高学年以降の大きなテーマは「自己治癒力」です。トラブルや挫折《ざせつ》、失敗のない人生はありません。困難を克服するために一番大事な力です。自己治癒力を支えるものは、大きく分けて二つあります。それが「自信」と「憧れ」です。「自信」というのは、具体的には親に愛されているという絶対的な自信と、何かひとつ、これだけは負けないといった社会的な自信を持つことが力になります。

小学校6年生の中学受験を控えた女の子の例ですが、受験目前で勉強への意欲がまったく見られなくなってしまったと、お母さんから相談を受けました。

直前になってモチベーションが上がらないのは、おそらく勉強そのものではなくて、もっと前の段階で問題があるのだと思います。本当なら勇気を出して受験という名のバスを降りるべきです。彼女はきっと「母親の期待に応えられない私」がイヤになっているのでしょう。母を喜ばせられないことに、本人が一番傷ついているのです。

もしも受験に失敗したら、お母さんはとにかく「あなたが元気ならいい。生きているだけで十分」と、きっちりと時間をとって伝えてあげましょう。

親の愛情を感じるだけで、子どもは少し救われます。**言い訳ではなく、「あなたは一生懸命頑張ったから大丈夫だよ。人生まだまだこれからだよ」とお母さんが言い切ることが大切です。**

ゲームに負けたらすべてダメ、と思うのが子どもです。お母さんが落ちたことを引きずってしまって、その後いろいろなことができなくなってしまう例もたくさん見てきました。

お母さんが呑まれないでください。社会に出て仕事をして家庭をもってからのほうが何百倍も大事なんだと伝え、愛情を注いであげることができれば、きっと自信を取り戻していくはずです。

21 「片づけできない子」に中学受験をさせてはいけない

中学受験を検討している親御さんも多いと思います。ここでひとつ言っておきたいのは、**中学受験に向いているのは早熟なタイプの子だ**ということです。本当はまったく向いていないのに無理やり受験をさせてつぶしてしまう例もたくさん見てきていますから、どうかわが子をよく観察してみてください。

なぜ早熟な子がいいのかというと、中学受験は、いわゆる「大人度」を問われるからです。つまり、試験では初恋を問われたり、愛する家族を失った終わることのない悲しみや、夕焼けを見てしみじみと「あぁ、もう終わってしまうんだなぁ」というせつなさを問われたりするのです。そんなことは幼児では無理でしょう。幼いタイプの子どもは、高校受験で勝負させれば十分です。

ひとつの目安としてよくお母さんにお話しするのが、

「小学校6年生の夏の時点で片づけができるか」

ということです。夏の時点で自分で片づけができないようなら、やめたほうがいいと思います。でも、実際、親がそう決心するのが難しいのです。

私のまわりでは、6年生の夏に受験をやめさせて成功した例はたくさんあります。D君もその一人。最上の結果を出すためには中・高どちらの受験がいいのか考え抜いた末、小6の夏で中学受験を断念する苦渋の決断をしました。その後、高校受験で見事県内のトップ校に合格。いまはラグビー部で大活躍しています。そのままガミガミ言いながら受験させても、中堅どころには受かったかもしれません。でも、体も心も成長したところに高校受験させて花開いた子はたくさんいるのです。

わが子はまだ幼いから高校受験で勝負させようとなったら、もうお母さんは後ろを振り返らずに前に進んでください。

子どもに一番影響を与えてしまうのが、親自身がぶれることです。お父さんも、「うちは公立と決めたら公立だ」と言いきるくらいの頑固さでちょうどいいと思います。

22 母の愛は受験でも強し

逆に、中学受験において母親の愛で奇跡が起こった話を紹介しましょう。

5年生のE君はやさしくてとてもいい子だけれども、勉強はできず、成績がとても低い生徒でした。母子家庭で、外から見るとイライラ切れていてもおかしくないのに、お母さんはそんなE君がかわいくてかわいくてしょうがないといった感じでした。

サマースクールの帰りの新幹線のこと。同じく5年生の鉄道マニアの男の子と、E君を含めた仲間の4人は、車掌室のそばをずっと離れないほどの熱心さでした。そのうち車掌さんと仲良くなり、帰り際に新幹線の定規《じょうぎ》をプレゼントしてもらったのです。子どもたちは大喜びで雄叫《おたけ》びをあげて私に伝えてきました。

ところが東京駅に着いてからのことです。その中の一人、4年生のF君が「定規をなくした！」と騒ぎ始めました。普段から探し物の多い子で、その場はみんなで一生懸命探しましたが、結局見つかりませんでした。F君はもう号泣している状態です。

そのときです。E君がササッと後ろに回ってF君のリュックをそっと開け、自分の定規を入れたのです。E君はF君以外の二人に「わかってるな？」という顔で目配《めくば》せしました。そこでほかの友達が「おまえ、本当に調べたのかよ。もう一度見てみろよ」と言ってリュックを開けた。F君は「あー、あった！　あった！」と大喜びです。

もしもE君が「オレのをあげるよ」と言っていたら、F君のプライドは傷ついたでしょう。友達を傷つけないように自分の宝物をあげる。E君はそんな心やさしい子でした。私はその美しい光景に感動し、1カ月間くらい、会う人会う人にその話をしていたほどです。

その後、6年生になって何を思ったか、E君親子は中学受験をしたいと言い出しました。正直、とても受験できるレベルの成績ではなく無理だと言いましたが、親子共にやる気は十分。勉強することは悪いことではないと思い直し、結局受験だけさせることにしました。

ところが、「母の愛は強し」です。勉強ができないなりに工夫しようと思ったのでしょう。志望校の校長に会いに行き、私が塾のおたよりに書いた、例の新幹線のエピソードを読んでもらいました。すると、感動した校長が、その場で入学を決めてくれたのです。離れ技のたぐいで一般性はないかもしれませんが、E君は「やさしさ」という武器で道を切り開いたのです。そしてそれを支えたのは、ただただ母の無条件の愛でした。

第2章

〝親の基準〟さえあれば、どんなに厳しくっても大丈夫！

――お母さんだからできる「しつけ」の習慣

23 「落ち着きがない」「じっとしていない」は走らせればスッキリ！

よく、「うちの子、じっとしていないんです」「落ち着きがなくて困っています」と悩んでいるお母さんにお答えしましょう。まったく問題ありません！　順調にすくすく育っている証拠です。それが幼児の本質なのですから。お母さんたちの言っていることは、「うちのカンガルー、跳ぶんです」「うちのカメ、すぐ首を引っ込めちゃうんです」と嘆いているのと同じですよ。**幼児の本質を知ると、お母さんが楽になる**ことがあります。

小学校1年生のG君。サマースクールに来ましたが、事前にお母さんが記入した用紙に「学校の問題児です。指示行動がとれないと思います」と書いてある。実際預かってみるとその通りで、G君は人の話を聞かず、グループ行動がとれないということで、もう一人の子と一緒に私の近くで遊ばせていました。すると、アゲハチョウが目の前を飛んでいきました。二人はチョウを追いかけて大木まで走り、また戻ってきました。

そのとき、私は「26秒！」と時計を見ながら言いました。このような状況での私の定番です。さらに、「今まで向こうからここまでは24秒かかるのが最高記録なんだよ。あと2秒だ！」などと言います。子どもたちは「え⁉」と驚いた表情になっています。すかさず、「もう一回行くよ。よーい、どん」と言うと、猛然と走り出しました。

子どもは面白いもので、「よーい、どん」と言うと走ります。「10、9、8、7、6、5」と言えば行動を急ぐし、「じゃんけんぽん」と言えば手を出す。それが幼児の特性なのです。

その子たちも「よーい、どん」を繰り返して、何度も走って戻ってをやっていました。走るうちに、子どもたちの表情がどんどんいい顔に変わってくるのです。そのうち一人は、たったそれだけでグループのなかに戻ることができました。

要は、**たまっていたうっぷんをすっきり発散したら、ケロッと治っちゃった、**ということです。彼らは何か社会に対するうっぷんのようなものをもっていて、それを晴らしたいのです。問題行動の大きな原因は、突き詰めれば、「親にかわいがられていないと思っている」ことである場合が多い。それが、走って走って泥だらけになると、晴れてしまいます。

あるお母さんは「公園で泥だらけになって遊んだ日は、お兄ちゃんが弟をいじめない」と言っていましたが、その通りです。幼児の本質を知って、しっかり発散させましょう。やりつくすことが大切です。

24 欲しがる物をすぐに買い与えてはダメ

教育学の古典的名著、ルソーの『エミール』のなかに、このような一節があります。「子どもを不幸にするいちばん確実な方法はなにか、それをあなたがたは知っているだろうか。それはいつでもなんでも手に入れられるようにしてやることだ」（今野一雄訳、岩波文庫）

日曜日にお父さんと出かけて、コンビニでおまけつきのお菓子を買ってしまう。ファミリーレストランのレジ脇にあるおもちゃを、せがまれて面倒くさいからすぐ買ってしまう。家族の誰かがキーマンになって、不必要なものを買ってしまう習慣ができている――これがメシが食えない大人を量産してしまう元凶なのだ、と言ったら驚かれるでしょうか。

我慢して我慢して、誕生日やクリスマスにほしいものを買うのならいいのです。今日見て、ほしくなったものをすぐ与えるというのが一番始末に負えません。

では、買い与えの何が悪いのでしょうか。

実は、買う買わないが問題なのではなく、**「親に基準がない」**ことが一番の問題です。**ダメなものはダメだと言えない親が危ないのです。**

子どもが傷ついたような顔を見たくない、そんな程度の理由で簡単に買ってしまう。実はお父さんやお母さん自身が人間関係に弱くなっているために、子どもにまで妙なやさしさで接してしまうパターンが多いのです。

子どもは親に「基準」を求める生き物です。基準を持ちきれないのが子ども、自分で判断できるようになったら大人です。

過去に家庭内暴力をして立ち直った一人の青年の言葉が忘れられません。「もう少しビシッと言ってほしかった」と。

本当に必要なものかどうか、子どもと話し合って決める家庭もあるでしょう。たしかに、子どもと話し合って、子どもに選択させることはいいことです。それでも常に、親が「ダメなものはダメ」と言える関係をつくっておいてほしいのです。ダメに理由はいりません。親がへっぴり腰になっていてはいけません。

買わないものは買わない。そんな気迫が必要なのです。

25 「ゲーム」「スマホ」より生身の人間関係を大切に

いわゆるゲーム機によるゲームを子どもに与えることについて、私はずっと反対し続けてきました。できれば18歳以下は禁止、最低でも「小学生以下は禁止」と。それは、社会的ひきこもりの現場で、実に多くの（主に男性の）方がゲームやネット漬けになっていたことがきっかけです。

そして、30年以上も教育の現場で多くの子どもたちの育ちあがりを眺めて考え抜いてきた結果、こう考えています。**心も体も頭脳も人間力も育成しなければならない有限な少年少女時代に、画面が相手をする時間よりも、「お互いの目を見て、手や体のぬくもりを感じ、共感し笑い合える時間」こそを大切にしてほしい**と。

第四次産業革命と言われるコンピュータの急速な発達、特にＡＩ（人工知能）の進化により、多くの仕事は形を変えたりなくなったりすることが、明確な時代です。そんな現代に子どもたちにどんな力をつけさせなければならないか。「メシを食える大人」に育てるために、何に留意すべきか。

一つは、他の人ができない何かをやれること。専門技術を持つことなどがそれです。誰にもできない手術の技術を身につけているとか、ロボット制作の精巧な技術を持つとか、物理や化学の知識を持っている等々です。

「スマホですぐ検索できるから、知識は不要」という愚かなことを言う人がいますが、たとえば物理のしっかりとした知識がなければ、どんなに検索しても相対性理論は理解できません。深い知識・広い知識など、「何かで尖っていること」は武器になります。

そして、もう一つが「人間関係力」であることも、共通した認識になりつつあります。つまり、「あなたから買いたい」「あの先生に診てもらいたい」と感じてもらえる魅力を持ち、人と人の間で力を発揮できることが、「多くのことをＡＩや技術が代替する時代」だからこそむしろ価値を持つという意味です。私もそう思います。

そのことを目標にしたら、画面にくぎ付けにさせ続けるのではなく、生身の人間関係の時間を増やすべきなのは明らかです。

スマホに触れさせないことは無理な時代ですが、画面は学習での使用などに限定し、基本はみんなで走り回り、全身を使って遊び、創造の経験、工夫の経験、ケンカと仲直りの経験を、たっぷりしてほしいと思います。

26 「早寝早起き」が心身のリズムをつくる

問題を抱えた青年たちの多くが、昼夜逆転の生活をしています。**早寝早起きなど生活のけじめをきちんとつけることは、勉強よりもずっと大切**だと自信を持って言えます。

昼夜逆転の生活が始まったら、もう黄色信号を通り越して赤信号です。そういうことを一度体で覚えてしまった人間は、何年かあとにまたぶり返したり、仕事に行っても突然行けなくなったり、いろいろな場面で心がポキンと折れやすくなってしまいます。これは想像以上にとても根深いもので、意識改革をするのがなかなか難しいものなのです。

そういった青年に小さいころの家庭の状況を聞くと、**「日曜くらい寝坊していいよ」**という文化を持った家庭であることが多かったのです。つまり、休みの日くらいゆっくり休みたいといった親側の理由に、子どもを引き込んでしまっている家庭です。

もちろん、毎日働いて頑張っているお父さん、お母さんに休むなとは言いません。親は堂々と寝坊をしてください。「大人はいいのだ」という毅然とした態度でいれば問題ありません。

「子どもは早く起きなさい！」
「あんたたちは朝ごはんまで2時間、走ってきなさい！」
と言えばいいのです。

子どもは本来、365日、早起きする生き物です。疲れているな、と思ったら早めに寝かせればいい。早起きというのは体のリズムです。習慣として身につけさせるようにしましょう。

日曜に寝坊が許されて、昼夜逆転を体が覚えてしまったら、今度は「中間・期末テストのあとくらいは寝坊していいかな」となり、「夏休みだから11時くらいまで寝てててもいいよね」となって、長期ひきこもりにつながっていきます。

すべては小学校時代に原点があります。お母さんは、ここのところは絶対にぶれないでほしいと思います。

27 きちんとしたあいさつは最低限のしつけ

早寝早起きが大切なように、日常生活のあり方が学力のもとであり、メシが食える大人をつくります。**きちんとした生活能力を身につけることは、勉強よりずっと大事なことです。**ぜひ、低学年から心がけたいものです。

早寝早起きだけでなく、折り目ごとにきちんとあいさつができることもそのひとつ。勉強ができても、仕事ができても、まともなあいさつもできないようでは、社会人として通用しません。それで困るのは、しっかりしたあいさつをしつけてもらえなかった子どものほうです。

本当のあいさつとは、きちんと止まって、自分の体の正面を相手に向け、目を見て行います。そんなふうにあいさつされたら、非常に印象がいいですし、企業もこういう人間がほしいと思うでしょう。

あいさつはコミュニケーションの第一歩です。あいさつができなければ会話が始まらず、したがって社会に出ていけなくなります。

メジャーリーグ日本人初の捕手としても活躍したプロ野球の城島健司選手のお父様が、すばらしいことを言っていたと、人づてに聞きました。

城島選手は学生時代は勉強が嫌いで、「オレは野球で生きるから」と言いきり、とにかく勉強はさぼりまくっていたそうです。あるとき先生から、このままだと退学になると通告を受けたお父さんは、「じゃあ先生、こうしてください」とあることを提案しました。

お父さんは城島選手に、「おまえ、もう勉強しなくていい」と言ったのです。そして、「その代わり、通学路を歩く間に会った人全員に、ちゃんとあいさつをしろ」と。とにかく大きな声でさわやかにあいさつができれば、世の中最低限はそれで十分だ、という見識がまばゆい。

思わずひざを打つほど、正しい子育てだなあと感心してしまいました。その結果、今や城島選手といえば、バリバリ稼いで人望もある、魅力的な大人ですよね。勉強なんか多少できなくたって、あいさつがきっちりできれば、結局のところ、そっちのほうが勝ちです。

子どもの将来のためにも、親としてあいさつだけはしっかり習慣づけてほしいのです。

28 学習の出来・不出来より「学ぶ姿勢」を注意すること

すでに早寝早起き、あいさつについてお話ししましたが、小学校に入るころ、**学習の始まりの時期に親が見てあげなければいけないのは、「姿勢」と「鉛筆の持ち方」です。**これらはドリルや教材に手をつけること以上に大切なことです。

もちろん学校でも注意してくれますし、花まる学習会でも、まず最初に子どもに言い聞かせています。でも、子どもですから、すぐ元に戻ってしまうものです。時間がたつと背中が丸まってしまったり、立てひざをしたり、我流の持ち方で固まってしまったりします。

姿勢を正しくする、背筋をきちんと伸ばすということは、学習の第一歩です。私の経験からも、**姿勢の正しい子は学習面でもあと伸びする子が多い**ように感じます。

姿勢と鉛筆の持ち方に関しては、家庭で何度言っても言いすぎにはならないほど言い聞かせても大丈夫です。ただし、決して感情的にならずに、何度も何度も繰り返し言ってあげるようにしてください。

とくに低学年までの間は、落ち着きがないのが当たり前。オタマジャクシである子どもの本質をもう一度よく踏まえて、繰り返し言い聞かせることが大切です。

それでも大人の感覚で、子どもに対して感情的になってしまうこともあります。子どもにしてみたら、「よくわからないけど、お母さんはいつも怒っている」と感じ、すっかりやる気をなくしてしまうこともあります。

有名な脳科学者が、**「叱られた人間の脳はやる気をなくしてしまう」**と言っています。とくにお母さんが子どもの勉強を見てあげる場合は、子どもというものは、何回も何回も落ちついて言わないとわからない生き物だということを肝に銘じてほしいと思います。

どうしても感情的に叱ってしまうお母さんへの秘策を伝授しましょう。**頭の上で、自分をモニターしている自分をつくってしまうのです。**怒っている自分は主人公。その上にもう一人の自分がいて、キーキー怒ってしまう自分を見て、

「またまたカッカしちゃって～」

と笑う自分をつくるだけで、だいぶ楽になります。理想の母を演じようとして無理をしてもダメです。どこかでそんな自分を笑ってしまうくらいで、ちょうどいいのです。

29 叱るときは一対一で、ほめるときは人前で

私がよくお話ししている叱り方とほめ方のポイントに、

「いけないことを伝えるときは一対一で、人前ではなるだけほめる」

というものがあります。

よくある例が、母親が姉妹（兄弟）を連れて歩いていて、上の子の同級生の母親と道端でばったり会って、「お姉ちゃん、よくできるんだってね」と声をかけられたりする場合です。すると、お母さんは、

「この子（上の子）はいいんだけど、こっち（下の子）がさ……」

とやってしまうのです。

母親同士の軽いあいさつ程度の会話で、子ども（このケースでは下の子）をダシに使ってしまう例はよくあるのです。しかも、言われ役はいつも同じだったりします。

「本当にこの子、ひどくって……」などとも言いますが、あなたのほうがひどいことしていますよ、と言いたくなります。どうして人前で子どものプライドを傷つけることを

言うのでしょう。まったく言う必要のないことだと思います。

子どもから見れば、お母さんの言葉があいさつ程度のことだとか、謙遜《けんそん》のつもりで言っていることだとか、まったくわかりません。ただ、お母さんの言葉が心に突き刺さっているだけです。

言われたほうの子どもは、**日々の会話でお母さんの言葉が心の中で澱《おり》となってたまっていきます。**やがて自信を失ってしまい、自己像の小さい人間になってしまうのです。

どうか人前では子どもをけなさず、ほめてあげてください。

ただし、叱るときはこの反対で、一対一でしっかり伝える必要があります。

間にきょうだいが入ってきたりすると、効果はありません。お風呂でも、納戸《なんど》でも、とにかく一対一なれる場所に連れて行くのです。

真顔で丁寧に、子どもとちゃんと向き合って伝えます。叱られると子どもは親の気をそらそうとするものですが、負けてはいけません。

30 上手な叱り方3原則は「厳しく・短く・後をひかず」

叱り方のポイントについては、講演会でも繰り返しお話ししています。なぜかというと、何回言っても元に戻ってしまうからです。

上手な叱り方3原則は「①厳しく・②短く・③後をひかず」。

「厳しく叱る」とは何かと言われれば、**この子のこの状態をほうっておいたら社会人としてメシが食えなくなる、**社会人として成立しない、甘ったれた仲間もできない状態になる、それを**「思い知らせる」ための行為**なのです。だから心を鬼にして厳しくしないと意味がありません。子どもが泣くくらいの強さでちょうどいいのです。厳しく叱るからといって、キーキーわめくのはバツ。できるだけ低い声で、丁寧に、真顔で、がポイントです。**いつもやさしいお母さんに低い声で真顔で叱られるのは、子どもにとっては怖いものです。**

「厳しく叱りすぎると子どもが傷つきませんか?」と聞かれることがありますが、心配いりません。この時期の子どもは3歩歩いたらケロッと忘れる、すばらしい時期なのですから。これが5年生くらいになって親の言葉を「聞き流す」関係ができてしまうと、お母さんはとても苦労します。低学年までにビシッと叱ることができる関係を築いてください。

「短く」叱るのが苦手なのも女性の特徴です。女性の場合は一度カッとなると、そのことだけではすまない傾向があります。いったん感情が高ぶると、「だいたいあなたはピアノだってやめちゃうし！」と、ずいぶん前の過失を持ち出して叱ったり、あげくの果てには「お父さんだって帰りが遅いし、もう！」と不満のすべてをぶつけてしまったりします。関係のないイライラを浴びせられた子どもはたまったものではありません。いま、この時点での過ちについてのみ叱るようにしてください。

最後に「後を引かず」。短く叱ったつもりでも、まだ怒りが収まっていない、つまり背中が怒っているお母さんが多い。叱られて1時間くらいたって宿題もして、お茶碗《ちゃわん》も運んで、「そろそろいいかな～」と「お母さん」と話しかけると、「何！　うるさいわね！」。お母さんのほうはまだ終わっていなかったりします。

怒りが収まらない空気は、せっかく反省し、気持ちを切り替えた子どもの思いをつぶしてしまいます。厳しく短く叱って涙をふいたら、お母さんのほうも気持ちを切り替えて、いつものように接してあげてください。

31 「ほかのきょうだいより私はかわいくない」と思わせてしまっていませんか

きょうだいがいる場合、親としては、どの子にも愛情を注いで同じように育ててきたつもりなのに、無意識のうちに特定の子をつぶしてしまっているケースがあります。母親からの愛情争奪戦の負け組が出てしまうのです。

たとえば、姉妹と母親でおもちゃ屋さんに行ったとします。母親とお姉ちゃんが「これにしよう！」と盛り上がって、レジに行き始めてしまった。妹は「……私は？」と思いますよね。これが甘えん坊の末っ子だったりすると「なんで私のこと忘れるのよ！」と言えるわけです。でも、そういう子は何も言えない。心の中で、「ほらね、私はかわいくないいんだもん」と思ってしまうのです。

母親にすると、まったくそんなつもりはない。でも日常的に繰り返されると、「お母さんに愛されている」という原点さえもてないまま大きくなっていきます。とくに4〜9歳のオタマジャクシ時代は社会的自己像をつくる時期なのに、それが非常に小さいまま社会に出ることになってしまいます。

それでも、子どもがお母さんに感情をぶつけてくるようなら大丈夫です。よくお母さんから「子どもに『(ほかのきょうだいより）私はかわいくないんでしょ！』と言われる」と相談を受けることがありますが、まったく問題ありません。

これは「**自己開示**」といって、自分自身の感情などの情報を言葉にしてありのまま相手に伝えることです。**子どもがこんなふうにお母さんに言えるのは、お母さんがその子のことを本当にかわいがってきた証拠です。**いい親子関係をつくってきたから言えるのです。そうではなくて、何も言えずに気持ちを封印してしまうのが危ないのです。

お母さんが日常生活のなかで、きょうだいの誰かを無意識につぶしてしまう背景には、「孤独な子育て」があることが多いのです。ひと昔前なら、近所のおばちゃんが「あんた、妹に言い過ぎだよ」などと言ってくれたかもしれません。いまは我が家の子育ての欠点を他人が指摘することもなくなりました。誰にも何も言われないまま温存されてしまっているのです。母親が自分の孤独を原点にして、子どもに当たり、愚痴を言い、つぶしにかかっていることがあります。

まずは母親がハッピーな気持ちでいること、そして子どもに「私は愛されている」と実感させることが一番の解決策になってきます。

32 やる気がない劣等感の強い子が「一人っ子作戦」で大変身！

では、長い間、お母さんの無意識な行動によって感情を封印してきた子どもには、どうすればいいのでしょうか。

最も効果的なのが**「一人っ子作戦」**です。

三姉妹の真ん中で小学校1年生のHちゃんは、母親から見ても手のかからないいい子でしたが、勉強ができる姉と美人タイプの妹に挟まれて、Hちゃんにはなかなか日が当たらない状況でした。祖父母の家に行っても、おじいちゃんはまず妹を抱きしめ、次に「お姉ちゃん、勉強できるんだってね」と声をかけ、次にHちゃんかと思いきや、「さあ、ごはん食べよう」……ということが常でした。

大人も悪気はないのですが、**パスする感じというのでしょうか、子どもはこういうことがとてもつらいのです。**そんなHちゃんが花まる学習会に入会したときは、イヤがるHちゃんを無理やりお母さんが引きずり込むといった状況。それが1学期ずっと続きました。

ところが夏休み明け、ニコニコした顔で現れたHちゃんは、「さあ、勉強するぞ〜」とやる気がみなぎっている様子で、まるで別人でした。私はお母さんに「夏休み、何かあったんですか」と聞いたのです。すると、お母さんはやはり三姉妹で一人だけ自信がなさそうなHちゃんを心配して、ご主人と話し合ったということでした。

これが大事です。うすうす愛情が足りないとわかっていても、何もしない日常を続けてしまう場合が多いのです。これでは何も解決しません。Hちゃんの両親は違いました。そこで、よし、と一念発起して行ったのが「一人っ子作戦」です。

まず夏休みを1週間とって、お姉ちゃんたち2人を田舎の実家に預け、両親とHちゃんの3人家族で過ごしたのです。3人で川の字で寝て起きて、ディズニーランドに行って、ごはんを食べて、お風呂に入って、また川の字で寝る1週間。「赤ちゃんのときは、こんなしぐさがかわいかったんだよ」「名前はこうやってつけたんだよ」と、Hちゃんをかわいがり、愛し続けてきたことをたくさん話したそうです。Hちゃんの夏休み明けの作文は11枚にも及び、「私、かわいがられたんだよ」という思いであふれていました。

子どもはいくつになっても「お母さんと二人きりになる時間」を望んでいます。愛情が足りないなと思ったら、定期的に二人きりの時間をつくってあげてください。

33 もまれ弱い一人っ子は外に出せ

私たちの塾では野外体験を重視し、毎年夏にサマースクールを行っていることはすでにお話ししました。親元を離れて自然の中で子どもたちだけで過ごさせることの意義は語り尽くせないほど大きいものがあります。

サマースクールで私は、おそらくほかの人が人生で感じる100倍くらいの量の感動と感激を子どもたちからもらったのではないかと本当に思っています。川や海の水面のきらめき、太陽、子どもたちの歓声。みんながかわいくてかわいくて、「この一日よ、終わってくれるな」と願うせつない気持ち。いろいろなタイプの異学年の子どもたちがふれ合うことによって化学反応が起こり、たくましく変身していく子どもの姿。自信をつけていく瞳の変容。あちらこちらでドラマが起こっています。

小学校1年生で一人っ子のI君は、サマースクールの行きのバスで「ママ！　ママ！」と泣き叫んでいました。見送るお母さんも泣いています。こちらはまるで人さらいのような気持ちでしたが、バスは出発しました。出発後、もらい泣きしたバスガイドさんが

「つらかったね、ママと別れて」と語りかけたのです。すると、I君はこう言いました。

「全然。ママはああすれば喜ぶんだよ」

この言葉の真意がわかりますか？　これは何もI君がタフだという話ではありません。バスに乗ったあと、たくさんの友達を前にして、I君は精いっぱいやせがまんをしたのです。そんなところで「ママがいなくてさびしい」などと言ったら笑われてしまうからです。この「やせがまん」こそ、親元を離れた冒険がもたらすものです。不思議なもので、お母さんがいないと、子どもは成長するものです。

一人っ子の場合はとくに親の目が行き届きすぎてしまうので、圧倒的にもめごとの経験が不足しています。それには子どもだけで、異学年のなかで、外遊びをたくさんして寝泊まりをする経験、やせがまんしたり、競い合ったりする経験をどれだけできるかなのです。

ゴールは社会に出てどれだけメシを食っていけるかですから、どんどん子どもを外に出して、「もまれてこい！」ということです。そのために今どれだけつらい思いを経験させることができるかが大事です。そうはいっても、目の前でわが子が困っていたら手を差し伸べてしまうのが親というもの。だからこそ、物理的に親元を離れる経験が必要なのです。

34 ノーベル賞受賞者が多いユダヤ人の教育法とは

世界の全人口の0・25％しかいないのに、ノーベル賞の20％がユダヤ人ということを知っていましたか。それだけではなく、医学・経済・法律などでもすばらしい人材をたくさん輩出しています。それはなぜなのでしょうか。

答えは、ユダヤ人の教育方法にあります。「メシが食える大人」を育てるのを目標としている花まる学習会にとっても、このユダヤ人の教育は一つの教科書であると言えます。

まずユダヤの教育というのは、私の知る限りでも、ゲームやテレビの一定の制限、相当量の素読をさせる、学校で習ったことを家で親に授業（説明）させる、などがありますが、先日ある牧師さんから面白いことを聞きました。それは、思春期以降の教育システムです。

まず、**12歳まではお母さんが中心に愛情たっぷりに子育て**をし、お父さんの役割は遊んであげることだそうです。

ところが13歳になると成人式にあたる儀式が行われ、子育ては父親中心になります。父親の仕事を見せて手伝いをさせ、野外などにもどんどん連れて行きます。

そして18歳になると徴兵が待っていて、厳しく鍛えられます。除隊後は1、2年放浪します。放浪中は路上でモノを売ったりして食いつなぎ、戻ってきてからようやく大学に行くそうです。

親の仕事や野外体験など、私たちが取り組んでいることと共通しているなというふうに実感しましたが、放浪に関しても納得した部分があります。私自身、20代前半のころにバックパックをかついで貧乏旅行をし、ドミトリーに同宿している5人が全員違う大陸から来ている経験をして、青年期の旅は重要だと常々思っていたからです。

いまおつき合いのある、50歳前後で社会で活躍している面白い人たちにも、似たような放浪の旅をした人が多くいます。あてのない異空間で緊張や不安を乗り越え、それを逆に楽しんでしまう経験は、人を鍛えるのでしょう。

いまの日本はこぢんまりした若者が増えていますが、一人旅に出るような気概のある若者が増えてくれれば、日本の未来ももっと明るくなるような気がします。

35 「運動コンプレックス」が子どもの自信を左右する

運動が苦手な子は多いと思いますが、「運動コンプレックス」を甘く見てはいけません。

子どもは**0〜3歳で親からの真の愛を得たあと、4〜9歳で社会的自信をつくる時期**。社会的自信とはつまり、「ケンカしても大丈夫、仲直りできるもん」「友達いっぱいつくれるぞ」「学校って楽しいんだ」といった社会に出ていくポジティブな気持ちをつくり上げないといけないのです。

ところが**学校ではやはり運動神経がいい子がリーダーになります**。足が速い子はかっこいいし、ボールが遠くに飛ぶ子はかっこいいものなのです。そのなかで運動神経が悪い子をどんなになぐさめて自信をもてと言っても、無理な話です。

運動が苦手な子に対して、周囲が「でも、やさしいから大丈夫よ」などと言っても、よけいに本人をみじめにさせるだけです。そういう配慮はいらないのです。**運動コンプレックスは、やはり運動でしか克服できない**からです。

たとえば、以前花まるにいた2年生のJちゃんは、授業が終わると人のノートを見て「こんなのもできないの？」と笑いながら言うような子でした。これは何かのコンプレックスがあるなと感じた私は、お母さんに電話してみました。すると、「この子、足が遅いんです。もうすぐ運動会だから、それを気にしているんだと思います」とのことでした。

ところが5年生になって、その子が駅伝の大会に出るというのです。「私、速いよ」と自信満々です。不思議に思ってまたお母さんに聞いてみたところ、2年生のときに私が電話をしたあとに、ご夫婦で話し合ったそうです。そしてお父さんが「お父さんも足が遅かった。これは遺伝だから仕方ない。でもマラソンなら頑張り屋のJならきっとできるよ」と励まし、毎朝6時に起きて、2人で近所の早朝マラソンを始めたのです。小雨でも毎日実行したそうです。Jちゃんも頑張りましたが、仕事で夜遅く帰宅しても、毎日早朝マラソンに付き添ったお父さんも素晴らしいと思います。そして中学生のときには市で優勝し、県大会にまで出場。Jちゃんはすっかり自信を取り戻しました。

Jちゃんは見事に、運動コンプレックスを運動で克服しました。4～9歳のオタマジャクシ時代なら、夫婦の協力で、たいていのことは解決できてしまいます。この時期なら、打つ手はいくらでもあるのです。

36 運動が苦手な子にはマラソン・水泳・武道が効果的

Jちゃんのように、マラソンは、運動が苦手でも根性のある子、頑張り屋の子には向いています。

水泳は、太っている子でもやりやすいでしょう。スイミング教室などでは、定期的に進級できるテストを行っていることが多いものです。これが自信をつけさせます。帰ってきてテストに合格したことをお母さんに伝えてほめてもらうたびに、子どもの心のなかはぷわ〜っとパンクしそうに満ち足りているのです。

運動のことでお母さんにほめられるといった小さな成功体験を繰り返すことが、自信につながっていきます。

また、自分からは言い出せない子、声が小さい子、内気な子、ケンカに負けてしまうような子には武道がおすすめです。

武道は普段の生活にはない大声を出したり、人を叩いたり叩かれたりする痛みを体で覚えることがとてもいい効果をもたらすようです。私の経験からも、武道で伸びた子というのは数えきれないほどいます。とくに剣道は、メシが食える大人になる率が高いのを実感しています。

運動が苦手な子に、どうやって運動をやらせたらいいのかという相談もよく受けます。これは簡単です。お母さんの毅然とした態度がポイントになります。

よく、子どもに「やりたい？」などと聞いて、子どもの意思を尊重した気になっているお母さんを見かけますが、その必要はありません。子どもには未知で、わからないのですから。

やらせるときは、「どうする？　やる？」などと聞かないで、「○年生になったらやるって、お母さん決めたから」とスパッと言って、放り込んでしまいましょう。

このお母さんの〝毅然として言う〟姿勢がとても大事です。何とか説得しようではなくて、ただ放り込む。これが効果のある方法です。

37 不良タイプには「役割」を与える

男の子に多いいわゆる問題児タイプは、集団のなかで役割を与えると劇的に変わります。

小学校1年生だったK君は、他塾からサマースクールにやってきました。事前にお母さんに書いていただく健康調査票には、「この子は学校の嫌われ者です。すぐ人を殴ったり変なことを言って、うっとうしがられています。先生も私もさじを投げています。きょうだいも嫌っています。よろしくお願いします」とありました。それを読んだときは、お母さんはそうは言うけれど、かわいい子だろうと思ったら、実際大変な子だったのです。汚い言葉を連発してグループがイヤなムードになり、大人も辟易《へきえき》しました。

ところが、2年生になってまたK君が来たのです。案の定、年下の子をこき使って蹴るわ殴るわ、ひどい状況でした。その年もさらにイヤな気持ちで終わりました。

そして3年目。また来たのです。本音を言えば、ほかのお子さんへの影響を考えて参加を断ろうと思ったほどです。実際、そのときのK君は小学校3年生にして、すでに中学生くらいの不良の風格。まわりは1年生ばかりの3、4人のグループに入りましたから、**「君はこのグループのリーダーだから頼むね」と声をかけました。そう、たったこれだけで彼のなかでスイッチが入ったのです。**

小学校3年生くらいの時期は何かステップアップする時期で、大人びた行動をしてみたりします。K君は「もうすぐお風呂だから、先に下着出しとけよ」などと、リーダーシップをとり始めていました。

そして最終日。豪雨のため、予定を変更して釣り堀でゲームを行いました。グループごとのリレー形式で、一人が釣ったら次の子に交代するというものです。すると、K君が「よし、応援するぞ」と言って、おもむろに前に出てきて、「フレー、フレーA組」と応援し始めたのです。そのうち「フレー、フレーB組」と相手チームの応援も始めました。最後には「フレー、フレー花まる」と、参加している90人全員を応援してくれました。空に響きわたる彼の声。人は役割を与えると変身するのです。

K君のような子は、愛情がほしいだけなのです。かまってほしいエネルギーがあふれてしまい、問題行動を起こしてしまう。でも、それも受け入れ方次第で十分変われる要素があります。不良は心配ない、むしろ大丈夫だと、確信を持った事例になりました。

38 たった一度「得意なこと」をほめるだけで一生が変わる

大人のひと言が子どもに自信を与え、見違えるように変わることは多いものです。人の一生に影響を与えることも珍しくないのです。自分の話で恐縮ですが、私にもそのような経験があります。

私は3人きょうだいで、勉強がよくできる姉と、ハンサムな弟にはさまれ、指しゃぶりをしているような子どもでした。

小学校1、2年生のころはおとなしく、目立たない子どもでしたが、3年生のときにガラリと変身したのです。それは、当時の担任であるN先生の影響が大きかったと思っています。まなざしのやさしい女性の先生で、なぜか先生のそばにいると安心したことを覚えています。

ある日の算数のテストで、複雑に描かれたマス目のなかに、長方形が大小合わせて何個あるかという問題がありました。注意深く見ないと見落としてしまいがちな問題です。私は「できたぞ」という手応えを感じて、テストを提出しました。

数日後、テストが返却されると、100点でした。N先生は長方形の問題にふれながら、

「この問題ができたのは、高濱君だけだったよ」

と、みんなの前で言ってくれたのです。このときの何とも言えない高揚感は、いまでも忘れられません。

私が変わったのはそれからです。

給食の校内放送が流れると踊り出したり、みんなを笑わせるのが得意な子に変身していったのです。勉強面でも自信をつけていきました。

いま振り返っても、なんとすばらしい先生との出会いを得られたのだろうと感慨が込み上げてきます。私がいま、この仕事をしてメシが食えているのも、N先生のひと言のおかげです。

いま、社会人として頑張っている人にも、一度はこのような経験があるのではないでしょうか。

39 「早く！」と叱るより効果があるのは、歩くスピードを変えること

「早くしなさい！　急いで！」

が口ぐせになっているお母さんは多いのではないでしょうか。子どもに時間感覚を身につけさせたり、テキパキ行動させるのはひと苦労だと思います。

小学校1年生のL君のお母さんは、わが子の時間感覚のなさにほとほと困り果てています。毎朝、朝食に1時間もかけるというのです。しかも食事の量は少なく、いつまでも口の中に食べ物を入れたままモゴモゴしているそうです。

これは家庭のなかだけで変えることはもはや難しいものです。**時間のかかるL君を「もう～!!」と言って怒るお母さんの関係ができ上がってしまっている**からです。L君も母親との関係性のなかで「それでも結局、ママは許すじゃん」と思ってしまっているのです。

最も効果的なのは、サマースクールのような異学年のいろいろな子どもがいる場所に放り込んで、上の学年のお兄さん、お姉さんにビシビシ言ってもらうことです。こうい

った場では、「いつまで食ってんだよ！」と容赦ない言葉も飛びますから、L君にとっても刺激になるはずです。

では、家庭でお母さんに何ができるかというと、歩くスピードを速くすることです。どういうことかというと、**歩行のスピードは、いろいろなスピードに比例している**からです。

社会人になっても、仕事のテキパキ感のようなものが身についている人は、歩行スピードが速いですね。仕事はできるのに歩くのは遅いといった人は見かけたことがありません。いい大人になって、「おまえ、トロいな」と言われてバイトを辞めさせられる、「もっとテキパキやれよ」と怒鳴られる、そんな例もたくさん見てきました。やはり**早い時期からテキパキ感を身につけ**させてあげなければ、かわいそうなのは本人です。

お母さんが歩行スピードを速めても、最初は子どもも「そうはいっても、ママは戻ってくるよ」くらいの気持ちでいるものです。

でも、負けてはいけません。子どもが小学生以上なら、お母さんは置いて帰っちゃうくらいの気持ちで大丈夫です。フーフー言いながら走ってついてくるくらいのスピードで歩いてください。そして速く歩くって大切なんだよ、と繰り返し話してあげましょう。

40 試行錯誤する力・継続力が身につく「お手伝い」の習慣

遅くとも低学年時代から、**お手伝いを毎日の習慣にさせましょう。「毎日」「継続して」がポイントです。**

洗濯物をたたむ、布団をたたむ、食器を運ぶ、お風呂を洗う。なんでもいいのです。生活の中で何かひとつ継続的なお手伝いをしていると、必ず工夫をして行うようになります。たとえば洗濯物は大きなものからたたむほうがやりやすいとか、同じものをまとめておくといいとか、お風呂の洗い方ひとつとっても、今日より明日、あさってと少しずつ変わっていくはずです。

この工夫する力、試行錯誤する力というものは、日常生活のなかや遊びのなかでしか伸ばすことのできないものです。

お手伝いを始めさせるのは、学年が切り替わったときや、誕生日など何かきっかけがあるとやりやすいでしょう。

「もう○年生になったから、お手伝いしてね」

「もう△歳になったんだから、家のことを手伝って」
という言い方がいいでしょう。あなたは大切な家族の一員だから、手伝ってもらわないと困る、ということをきちんと伝えることが重要です。

お手伝いは継続させてこそ意味があります。「疲れちゃったから今日はいい？」などと子どもが言ってくることもありますが、「今日だけよ」と親のほうが根負けしてしまい、お手伝いを免除するのはダメです。風邪《かぜ》気味であっても、明日が大事なテストの日であっても、よほどの理由がない限り、同じようにさせてください。

面倒くさいとか、つらいといった気持ちを乗り越えて頑張ることが大切なのです。子どもを自分に甘い人間にさせないためにも、親が例外を認めない姿勢を貫きましょう。

お手伝いが終わったら、「助かったー」「ありがとう」と目いっぱいほめてあげてください。**子どもは、大好きなお母さんに喜んでもらえたことが、胸がいっぱいになるくらい誇らしく、最高のご褒美《ほうび》なのです。**

第3章

頑張り抜く力が出るか、やる気がしぼんでしまうかは「そのひと言」次第

——お母さんだからできる「会話」の習慣

41 「聞き方」「話し方」の見本を子どもに示していますか

第1章で、低学年のうちは、いい姿勢で先生の話をちゃんと聞けていればOKという話をしました。

単に「耳で聞く」ということだけでなく、「聞く態度」「聞く姿勢」が重要でしたね。でも、これは家庭での毎日の積み重ねが重要なのです。まず親のほうが見本を見せなければならないでしょう。

口を酸《す》っぱくして「先生の話をちゃんと聞いてる?」「先生の目を見て、きちんと聞くのよ」と毎日言い聞かせたところで、家庭でお母さんが子どもの目も見ないで空返事をしているようではいけません。

もちろん、お母さんも家事に育児にと忙しいことはわかります。でも、せめて子どもから話しかけてきたら、子どもの顔を一度はしっかり見るくらいのことはしてほしいものです。そして、話の合い間に「あら、そうなの」とうなずきながら、「それでどうなったの?」と話を促したり、問いかける——こんなふうにすれば、子どももお母さんとの会話のなかで、「自分もそうしなきゃ」と聞く態度が自然に身についていくはずです。**親子の間で「いい加減に聞き流す」関係が一度定着してしまうと、元に戻すのはひと苦労です。**

話し方も同様で、お母さん自身が「私的には～」「○○みたいな」といったあいまい表現や、「ていうか」「やばくない？」といった言葉づかいを日常的に使っている風景もよく見かけます。**子どもと接する時間が長いお母さんの話し方は、子どもにも絶大な影響を与えます**から、十分注意してほしいものです。

あいまいな表現、くずれた話し方は、子どもの思考や心構えにも影響します。とくに幼児期から小学校低学年までの間が大切です。この時期に親が基本的な聞き方、話し方を見本にして示してあげることができるよう心得ておいてください。

42 「言い間違い」はほうっておかないこと

大人になってから、人をひきつける魅力的な話し方ができる人や、豊富な表現力や語《ご》彙《い》を持っている人を見ていると、本人の読書量などは影響するにせよ、やはり決定的なのは家庭環境だなとつくづく感じます。

根本的にお父さんやお母さん自身に言葉の素地ができていないとかなり難しくなってしまうのですが、少なくとも、家庭でお父さんやお母さんが間違った言い方をしないことは大前提です。

そして、わからないことがあったときは、辞書を引く習慣を持つようにしましょう。親が辞書を引く姿をいつも見ている子どもは、自分もそうすればいいのかと思うようになります。

実際、**親が辞書を引く習慣がある家庭の子どもは、勉強ができるケースが多い**と感じます。いつでもすぐに辞書を引けるようにするためには、国語辞典は常にリビングのどこかに置いてあるようにするといいでしょう。

また、**子どもが言い間違いをしたら、お父さんやお母さんはそれをほうっておかずに、すぐに修正することも大切です。**

たとえば幼いときに「とんでる」と子どもが言ったら、「トンネルだよね」と言うところから始まるわけですね。小さい子どもの言い間違いはかわいいものですが、これも積み重ねというのか、ごく自然な家庭の習慣のようなものなのです。

「うれしい」と「楽しい」とか、子どもがよく言い間違えることを見逃さず、「そういうときは〝楽しい〟でしょう」といって、修正してあげるということです。これが当たり前のようにできている家庭は、言葉の正しさという意味では、将来的に大きな差になってきます。

それができていないと、間違った使い方をしても指摘しないまま、お母さんが「こういうことを言いたいのね」「きっとこういう意味ね」と察してあげてしまう。このお母さんの「察する」姿勢というのが曲者《くせもの》で、母親が子どもを慈しんでいるように見えて、実は子どもの間違いを許してしまうのと同じことです。

子どもの将来を考えたら、何でも先回りして守ってあげる、すぐに手をさしのべる、言いたいことを察してしまうといった母親ならではのやさしさは、子どものためにならないこともあるのです。

43 すぐ「できない」と言うのは、失敗するたびにお母さんが口出ししてしまうから

物事を始めるときに「できない」「やりたくない」と、なんでも否定形から入る子どもがいます。お母さんとしては、もっと積極性を持たせたい、やる気になってほしいと悩むところです。

でも、これは子どもの問題ではないことが多いのです。**否定形を連発するのは、失敗することを恐れているから**にすぎません。お母さんが口出ししすぎてしまったケースが多いのです。

つまり、**いつもお母さんに結果ばかり問われるとか、うまくいかないとお母さんが怒ったりするから、子どもとしては「つつがなく」行いたくなるわけです。**自分がよくわかっていて、できることだけやっていたいと思ってしまうのですね。すでに新しいことに挑戦する気も失ってしまって、子ども自身もつらい状況なのです。

まず、お母さんが口出しをしない、ほめ言葉しか言わないようにするということが大事です。でも、これが難しいもので、もう口を出すのが日常化しているお母さんの場合、

イライラした顔で無理してほめられても、子どもも困ってしまいます。お母さんのほうにもかなり努力が必要になります。

オタマジャクシ時代から高学年への入り口くらいまでの子どもなら、何か運動をやらせるのがいいでしょう。とくにこういう子の場合は、前にも述べたように武道はおすすめです。何か得意になれる運動を探してあげて、失敗を恐れない子にしてほしいと思います。

「できない」と言ってしまうのは、基本的には世の中を怖がり始めている証拠です。「これから先の人生、新しいことだらけなんだよ」ということを思い知らさなければいけないし、それを楽しめる子にしなければなりません。

「行ったことない。イヤだな」ではなくて、「行ったことない。いいね、やってみようかな」という子に。

ただ、なかには、さぼろうと思って「できない」という子もいます。これは子どもをちゃんと見ていないとわからないことです。そういう子には、ガツンと厳しく言っていいと思います。親も日ごろから子どもをよく観察して、見極めることが大切ですね。

44 子どもが自分から宿題をやるようになるシンプルなルール

口出しの多いお母さんがよく言うセリフが「この子はダメだから」「うちの子はダメなんです」といったものです。要するに、すぐダメだと判断してしまうお母さんです。自分の願いと裏腹に、つい言ってしまうのでしょう。「そんなことないですよ」と誰かに言ってほしいという面もあるのかもしれません。

つい先日もこんなことがありました。ある小学校4年生のお母さんが「うちの子、ダメ」を連発しているので、よくよく話を聞くと、宿題をやれないことが一番の悩みだとわかりました。そこで、私たちのほうからお母さんに提案しました。とてもシンプルなことです。

まず子ども自身に簡単なスケジュール表を作らせて、宿題をやれなかったときには、お母さんは黙っていること。そして宿題をちゃんとやったときには、「やれたね、すごいね」とほめること。それ以上は何も口出ししないでください、とお願いしました。つまり、**宿題ができたらほめる、できなかったら何も言わないことを続けてもらったので**

す。

するとたった2週間このルールを守ってもらっただけで、子どもが自分からどんどん宿題をやるようになりました。

それくらいのこと？　と思うかもしれませんが、「**NGワードを言わないこと**」「**肯定的なことだけ言葉にすること**」、たったこれだけのことができないのが母親なんですね。それまで、**わが子を思えばこその言葉で子どものやる気を失わせてしまっていた**のでしょう。

「あんた、どうせやらないんでしょう！」「いつもダラダラダラダラして、まったく！」などと、言わずもがなのことを言ってしまって悪循環に陥ってしまうのです。

「お母さん、その言葉、きついですよ」と誰かが言ってあげられたらいいのですが、お母さん自身にはわからない場合が多いものです。お母さんのほうは、「奮起させようと思って言っているんです」と言いますが、そんな言葉で奮起する子どもはいません。お母さんの言葉で傷つき、やる気を失ってしまうだけです。

いくつになっても、子どもは、お母さんに認められたい、ほめられたいものです。やる気を出して変わっていく子どもを見ると、母親もうれしくなります。相乗効果で親子関係がどんどんよくなっていきます。

45 ただほめるより、その子自身が克服したことを言葉にする

わが子のいいところをほめてあげることは大切です。きつい言葉やＮＧワードを浴びせ続けるよりも、肯定的な言葉をかけてあげるほうがいいに決まっています。でも、気をつけなければいけないこともあります。

ベタぼめや、ほめようとしてほめている感じというのは、子どもは敏感に感じ取ります。大人がほめ言葉を言おうとして言っているイヤな感じが伝わってしまい、何かバカにされたように受け取ってしまうのでしょう。よく、ほめられているのに突然泣き出す子もいます。理由を聞くと、「そんなこと、ぼくはずっと前からできるのに」と言うのです。当たり前のことをわざとらしく言われるのがイヤなのです。「ぼくのこと、全然見てないじゃん」といった気持ちなのでしょうね。

これは花まる学習会の講師研修で私自身がいつも言っていることですが、**その子自身が伸びて、克服したことを正確に言葉にしてあげることが**一番大切なのです。「すごいね」とか、「できるね」といったほめ言葉もいいのですが、実は、**ほめるとい**

うのはもっとシンプルで、何かを克服したその事実を言葉にするだけでいいのです。それには、わが子をよく観察することが大切です。

「この子は、これが課題だな」ということを日ごろから頭に入れておいて、乗り越えたことをそのまま言葉にしてあげるのです。たとえば、自転車ひとつでいいのです。「いま、できないことはこれだな」とお母さんが思ったら、自転車に乗れるようになったときに、「え、乗れるようになったの？」と言えばいい。

大好きなお母さんが言葉にしてくれるだけで、子どもは最高に舞い上がるものです。

「あなた、できるようになったの？」。このお母さんの驚きの言葉が子どもはほしい。ただし、乗り越えるべきことや克服すべきことの基準を外に求めてしまうと意味がなくなります。

子どもが「お母さんが望んでいるのはこれかな」と思ってやったことや、お母さんにほめられようとしてやったことではなく、「自分がこれをやりたい、これを克服したい」と決めてやったことが大事。そして「できなくてくやしい、いつかできるようになりたい」と思ってできた瞬間に、お母さんに「できたの？」と言ってほしいのです。

46 頑張り度がレベルアップする「通過儀礼」を用意

子どもは、乗り越えなければいけない課題を克服したとき、またひとつ大きく成長します。

毎年行っているサマースクールでは、「川遊びの時間に、堰堤《えんてい》から飛び込む」というプログラムがあります。もちろん子どもにとってはとても勇気がいるものですから、ためらう子どもも少なくありません。

私は、この飛び込みは子どもたちの通過儀礼として、とても大事なことだと思っています。

小学校1、2年生の子どもが2メートルくらいの高さから飛び込めたら、何かがもう違うのです。それはもう、現場で見ていて「何かが変わった」としか言えないものですから、親が見たらなおさらすぐ変化がわかるでしょう。「あ、この子、成長したな」と言うしかないような〝強い目〟で帰ってきます。

〝強い目〟の理由はどういうことかというと、子どもなりに「できるか、できないか」

を自分の心の中で葛藤《かっとう》しているわけです。自分で自分を試すとでもいうのでしょうか。ケガをすることはないとわかっていても、子どもにとって飛び込みは怖いものです。そしてそれができたとき、ものすごい達成感を味わいます。やる気、頑張り精神とでもいうようなものがグーンと上がるのでしょう。

もちろん、こうした通過儀礼は必ずしも「飛び込み」でなくてもかまいません。飛び込みがわかりやすいのは、純粋に勇気だけを問うものだからです。毎年、サマースクールが終わって9月の授業が始まると、自信に満ちた、やる気にあふれた子どもたちの顔に出会うことがしょっちゅうあります。

通過儀礼のようなものを自分で乗り越えると、〝何か人生が無条件に楽しくなっちゃった〟……そういう感覚を持つようになります。

大がかりなものでなくてもいいのです。お父さんと一緒にどこかに出かけたときにでも、通過儀礼に挑戦してみてはいかがでしょうか。

47 こんな何気ない言葉が「やる気の芽」をつぶしてしまう

先にも子どもを奮起させるためにきつい言葉を浴びせてしまう例を紹介しましたが、そのほかにも、ついお母さんがやってしまいがちなことに、**「ほかの子と比較する」**というものがあります。

ほかの人と比較しないで、ということはよく言われていますので、お母さんも頭ではよくわかっているのですが、それでも繰り返してしまうものです。

たとえば子どもの友達から年賀状が来たとします。

「へえ、〇〇ちゃん、もう漢字が書けるんだ」

といったようなひと言です。

聞いている子どもは、ただただイヤな感じを受けるだけです。

お母さんは意識していないかもしれませんが、言われた子どもは「どうせ私は書けないし」となってしまいます。

子どもは、自分ができないことを人と比較されて言われると、とにかくやる気をなくしてしまいます。逆に子どものやる気をなくさせたければ、どんどんほかの子と比較すればいいわけです。

友達のなかでも「みんなできて、お前だけできないよな」などと言われると、やる気をなくします。

親は「くやしいと思ったら、頑張ってよ」というくらいの気持ちで言っているのですが、自分ができないことを人との比較で言われて、やる気を出した子は見たことがありません。

伸びるのはむしろ自分の好奇心からスタートしている子です。幼稚園で「私、字書けるよ」と友達と競い合ったり、お兄ちゃんが書いているのを見てマネし始めたり、要は最初からプラスイメージでスタートしている子です。そういう子が「私、字は得意だから」となったら大丈夫。

子どもはもともと、やる気がある生き物なのです。お母さんの口出しで、そのやる気の芽をつぶしてしまわないようにしてあげたいですね。

48 算数で伸び悩んでいる子のお母さんの「ある口ぐせ」とは？

お母さんが口出しすることで、伸び悩んでしまう子どもの例は枚挙にいとまがありません。

たとえば算数で伸び悩んでいる子のお母さんの一つのパターンを紹介しましょう。

それはひと言でいえば〝**待てないお母さん**〟です。子どもが「うーん」とじっくり考えているのに、**「グズグズしないで早くやりなさい」「もういい加減にして！」**とだんだんキレ始めてしまうパターン。お母さんとは経験値も違うのに、同じスピードを求めてしまうのです。「どうするの？　こうしたいよね」とお母さんが引き取って、どんどん先に行ってしまうような感覚です。

子どもは自分で決めて自分でやって、自分で達成できることを面白いと思うのです。主体性がなく行っていることは、ちっとも面白くないですし、身につきません。

たとえば、お母さんから半強制的に「これ、面白いドリルなんだって」と渡されても、イヤな感じが残りますよね。それでも子どもはお母さんが大好きですから、母の喜ぶことをしようと思うのです。

お母さんが先んじてなんでも言ってしまうから、「うん」と言ってしまう。「うん」と言っておけばお母さんが喜ぶからです。これでは主体性のかけらも育ちません。そんな状態でいくら勉強しても、本当に自分でやりたくてやっている子どもの強いパワーに簡単に弾《はじ》かれてしまうでしょう。

ちなみに、幼児期に先取り学習をすること自体は悪いこととは思いません。人間の脳は相当量の知識を入れたってつぶれることはありません。やる気がある子、能力がある子はやればいいでしょうし、やらなければいけないものでもないと思っています。

むしろ問題なのは、**本当は積み木で遊びたいけど、ママが喜ぶからこれやろうかな、やって見せたらママにほめられた――これが先取り学習の落とし穴。**本当はやりたくないことを、母親の顔色を見て、母親のためにやってしまうのが子どもです。

自分でやりたいと思っていることをガーッと集中してできることが、あと伸びする子の要件です。

49 お母さんの「無言のメッセージ」が勉強嫌いの原因だった

「子どもの勉強に手出し口出しもしていないし、叱りつけてもいないのに、なんでうちの子は勉強嫌いなのかしら」

そう思っているお母さん、もう一度わが身を振り返ってみてください。もしかすると、お母さんのまなざしが子どもを勉強嫌いにしているのかもしれません。

小学校1年生の男の子の例ですが、

「ぼく、バカだからダメなんでしょ」

と言っているということで、お母さんが悩んでいました。友達同士で言われたのかもしれませんが、それだけでこういうセリフが出てくるかは疑問です。

ひとつ考えられるのは、お母さんのまなざしがそれを肯定してしまっているのかもしれないということ。つまり、**言葉に出して「あんたはバカなんだから」などと言っていなくても、お母さんの表情やまなざしが語ってしまうのです。**

「何回言ったらわかるのかしら、この子」「あーもう、この子は本当にわかんないなぁ」

と思いながらイラッとした顔をしたりしていませんか？

子どもは、お母さんのまなざしがほしくて、笑顔がほしくて生きています。それが評価のすべてといってもいいくらいです。そのお母さんが、横であきれた顔をして見ているとなったら、「ぼくはどうせバカだからできないんでしょ」と言いたくもなるというものです。それがひいては勉強への意欲をなくし、勉強嫌いの子どもをつくってしまいます。

誰かに「おまえはバカ」だの何だのと言われたって、お母さん自身が「何言ってんの！　あんたは絶対バカじゃないよ」と言いきってくれたら、子どもは「あー、よかったぁ」と思うのです。

それなのに、「もしかしたら、本当にバカなのかも」みたいな顔をしてはいけません。お母さんだけが頼りなのです。

50 勉強を「正しく」「きちんと」やらせようとしていませんか

勉強ができなかったときやわからないことがあると、すぐやる気をなくしてしまう子どももいます。それは、正しくきちんとやらせようとするお母さんの場合にこうなることが多いものです。

たとえば計算問題などができたとき、その結果に「できたね」という反応をお母さんがしてきた家庭によく起こります。つまり、答えが合っているか合っていないかでお母さんが評価を与えてきてしまったのです。

お母さんも家事や育児に忙しいですから、そんななかで子どもの勉強も見なくてはなりません。すると、「合ってた？」「うん」「それならよかった」、合っていなければ「あれ、なんで？　言ったよね、昨日」と、答えが間違っていると途端にイヤなお母さんに変わってしまう。そんなことを繰り返しているうちに、子どもは「答えが合っていると、お母さんはオッケーなんだ」と学習してしまうのです。

もちろん計算や漢字の書き取りは基礎として、とても大事です。でもお母さんとマンツーマンで答えが合っているか合っていないか、最後まできちんとできたかできていないかを毎日繰り返していくと、まず文章題のできない子になります。すると、ちょっと考えなくてはいけない問題になると面倒になり、やる気をなくしてしまう子のでき上がりです。

あと伸びする子は思考体験が豊かです。思考体験といっても難しいことではなく、第1章でもお話しした**「わかっちゃった体験」がどれだけできたか**、なのです。私の塾では低学年でパズルばかりやっていますが、これはパズルそのものではなく、パズルのなかに論理思考の基礎と発見の喜び、つまり「わかっちゃった体験」があるからなのです。

子どもが見て「なにこれ?」と思い、「あ、そういうことか! わかっちゃった」があるということ。すると、脳から快感物質が出るのでしょう。子どもはその喜びを味わいたくて勉強します。原点は小さい成功体験です。

お母さんは「きちんと最後までやりなさい」ではなく、できたときに「こんな問題まででできるなんて、すごいねー」と認めてあげてください。

世界で一番大好きなお母さんに認められたら、「よっしゃ!」とやる気にあふれた子どもに変わります。

51 お母さんは算数の文章題を絶対見ないでください

第2章で「叱られた人間の脳はやる気をなくしてしまう」というお話をしました。私自身、お母さんによって、勉強嫌いになってしまった例を数多く見てきました。

お母さんはわが子を思えばこそ問い詰めてしまうのです。

「なんでわからないの?」と言われても、子どもは困ってしまいます。子育ての本を書いているような有名な先生ですら、わが子には感情的になってしまうと言っていましたから、親というのはそういうものなのです。

とくに**お母さんから言われた言葉は特別で、良くも悪くも子どもの心にズシンと響くのです。**

「宿題、ちゃんとやった?」「うん」「本当にないの? あるじゃない、ここに! ちゃんとやりなさい」——そう言って、隣でじーっと見ているお母さん。そのうちエスカレートして、どんどん感情的になっていきます。

「何、いつまでも考えてるの!」「読んでてわかんないの?」「声に出しなさい!」——

これは一種のいじめです。

こんなことを書くと嫌われるかもしれませんが、女性はいじめモードに入ると止まらなくなることがあります。一つひとつ追い詰めてしまうのです。この追い詰めモードが子どもをつぶしてしまう。そしてそれは、いつも「算数の文章題」を見ているときだったりします。

ここではっきりと「お母さんは算数の文章題を見ないで」と言っておきます。**算数の文章題はとくに、自分のなかで「浮かんだ！」という実感が大切ですし、その喜びでしか動かないもの。**なのに、お母さんが隣で「この間もやったでしょう！」とやってしまう。笑い話のようですが、これでは考えている子どもの隣で母がじっと座って「早く浮かびなさい」と言っているようなものです。

とくに高学年になったら、この種の問題は外（学校や塾）にまかせて、お母さんは手出し口出しはせずに見守ってあげましょう。

52 人前で話す力をつけるには「話の要旨を言わせる」練習を

小学校に入学して間もなくのお子さんがいるお母さんで、子どもが授業で発表するのが苦手、人前で話ができないと悩んでいる方がいます。子どもに人前に立って発表する表現力をつけさせたい場合、どうすればいいのでしょうか。

まず先に、子どもにとって人前で話すのが難しいのは当たり前だということは知っておいてください。高学年でさえドキドキして言いたいことの半分も言えないのが普通です。人前で自分の話の構成を考えて発表すること自体、相当な論理的思考ができていなければできないものです。

どうか、お母さんは**人前で話すのが苦手だという子に、「心配ね」などと同調しないでください。**子どものほうも、「ぼくって問題を抱えているんだ」と思ってしまうからです。

「あら、お母さんと話せているんだから大丈夫よ」

「まだ○年生なんだから、必ずできるようになるわよ」

と毅然とした態度で、堂々と答えてあげてほしいのです。ここは母の対応が非常に重要です。

そのうえで人前で話す力をつけるにはどうすればいいかですが、まず、**言葉の表現力のベースにあるのは、とにもかくにも家庭での会話にあります。**豊かな経験や読書体験も重要ですが、元を正せば、やはり家庭での会話に行きつきます。

とくに男の子は言葉数が少なく、何も言わない子もいるので、お母さんから上手に引き出してあげてほしいと思います。「今日、学校で何があった？」と聞いて、「別に」「普通」などと答えようものなら、「別にじゃないの、ちゃんと話しなさい」と追いかけ回して言わせてもいいくらいです。

また、マンガや映画で面白かったというときはチャンスです。**「何がどう面白かったの？」と話を引き出してみましょう。次に「どんな話だったの？」と聞いてみてください。**そして「○○が○○した話だよ」と、話の要旨を言わせてみましょう。**話の要旨を言わせるというのは、相手が伝えたいことを的確につかむ訓練にもなります。**

会話の基本は家庭、とくに「話す」と言う意味ではお母さんの出番だということを忘れないでください。

53 「相手が聞いたことに答える」会話ができていますか

家庭での会話で、前項で紹介した**「話の要旨を言わせる」のと同様に大事なのが、「相手が聞いたことに答える」ということです。**すべての会話はここから始まります。

そんな当たり前のことを、と思いますか？　実はこれができていない家庭が多いのです。たとえば、親子のこんな会話——。

「今日学校楽しかった？」「ていうか、腹減った」「そうだ、夕飯の買い物しなくちゃ」

会話のキャッチボールがまったくなされていないのがわかりますか？　これではお互いに自分のボールを投げ合っているだけです。お母さんのほうも流されてしまっていますね。

この場合、「『ていうか腹へった』じゃないでしょ！　お母さんは学校のことを聞いてるの！」とドスを利《き》かせるくらいでちょうどいいのです。

このような会話ではない会話が日常的にされていると、修正は大変です。恐ろしいことに、崩壊した会話でも毎日は支障なく流れていきます。正しいコミュニケーションのためには、遅くとも3年生くらいまでには直しておくべきです。

もう一度言います。「相手が聞いたことに答える」のが会話の基本。これが学習にもつながっていきます。なぜなら、問題を解くということはコミュニケーションだからです。

高学年になれば、**問題を読んで「相手が聞いているのはここだな」「こういうことを言いたいんだな」**と思い、**答えを書いていかなければなりません。ちゃんとした会話ができていない子に、相手の意図を読めと言っても無理です。**

同様に、単語言葉を容認してしまう文化が家庭にあってはダメです。「お母さん、水」と言われたら、「お母さんは水じゃありません」とキッパリ言いましょう。

低学年までが勝負です。**親子の会話は単語ではなく、文章で!**　ただし、高校生くらいになったら思春期独特の会話で、単語言葉になる場合もあります。これはほうっておいても大丈夫です。

算数の才能があるのに国語ができなくて希望の中高に行けなかった子はたくさんいます。どの科目も問題文に書かれていることを読み取れなければ始まりません。**勉強の基本は国語であり、突き詰めれば言葉、会話なのです。**相手の気持ちを読み取れない子どもをつくらないためにも、相手が聞いたことに答えること。これを家庭で徹底して行ってください。

54 会話の最後は必ず「よかったね」で締めくくること

単語言葉を言ったり、母親も含めて相手が聞いたことに答えなかったら、その場で指摘して言い直すことを徹底してほしいのですが、きちんと言えたらほめてあげてください。

基本的にはいつも**プラスイメージで終わらせる**ことが大切なのです。

私の師匠である上里龍生先生に教わった方法で、「よかったね運動」というものがあります。これは、いつも会話の最後を「よかったね」で終わらせるというものです。

たとえば先ほどの例でいえば、「お母さん、水」「お母さん水、じゃないでしょ！」

「お母さん、水が飲みたいからください」ときちんと言い直せたとします。そうしたら、

「本当は言えるんだね、ああ、よかった」というふうに終わらせます。

子どもを叱ったあとも、

「今日、お母さんは○○を怒ったけど、あなたの将来を思って言ったんだよ。すごくいい勉強になったね、よかったね」

といったように、「かえってよかったね」というふうに持っていくのです。

なかなかできないことですが、**子どもにとっては注意されっぱなし、怒られっぱなしで終わるのと、「よかったね」で終わるのでは印象が大きく違います。**

大人も同じだと思いますが、寝るときに「怒られたけど、オレのためになっているのか」「ああ今日も一日よかったな」と思って床につくのと、「今日も怒られた。こんな日、もう二度とイヤだ」と思って床につくのでは、一日の印象がまったく違います。

これはかなり奥深い問題で、親子関係だけでなく、上司と部下など、あらゆる人間関係の基本でもあります。

一緒に暮らしていれば必ず気に入らないこともあるし、失敗もあります。ガミガミ怒ったり注意したりすること自体は仕方ないことです。ただ、親子だから遠慮はいらないからといっても、やはり人間関係です。

最後は「よかったね」で一日が終わり、また明日から気持ちよく一日を始めさせてあげたいものです。

55 こんな親子の会話で算数・国語の力を伸ばせる

「この子、本当にわかっているのかしら」

宿題やノートを見ていて、そう思ってしまうこともありますよね。そんなとき、問い詰めるのではなく、確認できる方法があります。

まず、算数の場合、「この問題、お母さんにちょっと教えて」と言って口頭で説明させるのです。

「こうやって、こうやるんだよ」と説明できて、子どもなりに筋が通っていればいいでしょう。説明できず、「忘れた！」などと言ってごまかす子はわかっていないということになります。理想を言えば、要旨や解き方のポイント、「ここが間違えやすいんだよ」などと言えたらさらにいいですね。

国語に関しては、何をやったか説明させてみましょう。「こういうことをやったんだよ」と〝簡潔に〟言えるかどうかがポイントです。

人にものを説明するというのは大人でも難しいものです。その能力を伸ばすのに私がよく行っているのが、**「定義と事例ゲーム」**です。

まず「○○は◎◎です」と定義を述べます。そのあと、「たとえばこういうことです」と事例を述べさせる。**定義と事例を2つセットで言えるかどうかがコツ**。これは学習の中心課題でもあるので、お母さんも心がけるといいですよ。非常にわかりやすく説明することができます。

私も講演会でお話しするときは、常にこの「定義と事例」で話しています。教育の専門家の間でも、生徒たちが理解できる教え方というテーマで話し合ったときに、この定義と事例が出てくるほどです。「定義、事例、定義、事例」を繰り返すのです。

難しい定義でも、「たとえばこういうこと」と事例を出すだけで、スッと理解できることがあります。

こういった会話は、お父さんのほうが得意かもしれません。家庭でも習慣にしてみるといいでしょう。

56 「やる気スイッチ」に砂をかぶせるのはお母さん自身

「どうすれば子どものやる気が出ますか？」

「子どものやる気スイッチを入れるには？」

こんな相談もよく受けます。

しかし、本来やる気のない子どもはいません。子どもだけでなく、**人間というものは、もともとやる気がある生き物です。**朝起きて、さあ何をしようかなと思うでしょう。いつでも何でも知りたいし、見たいし、知識が増えたら楽しいのです。

子どものやる気スイッチは、もともとそこにあるもの。ただ、それに砂をかぶせているのが母親自身だったりするわけです。ほかの子と比較する、ひどいと、きょうだい間で比較してお母さんは言いたい放題。これでは子どもがやる気をなくすのは当然です。

まったくやる気がないお子さんで悩んでいるお母さんは、まず「どこかで私がやる気を失わせてしまったんだな」と痛感するところからがスタートです。この根本を直さずして、この子をどこかに預ければ、やる気スイッチが入ると思っている時点で、それは間違いです。

「他塾で伸びなかったので、ここでやる気スイッチを入れてもらって……」と塾から塾へと渡り歩いている親子もいますが、事はそう簡単ではありません。時間をかけて変えていくしかないのです。やる気スイッチという言葉から、何かが変わるマジックを期待してしまうのでしょう。しかし、やる気スイッチはただそこにあるのですから、親が変わることが第一なのです。

では、なぜ母親自身が子どものやる気に砂をかぶせてしまったのか。そこには孤独で不安定な母親がいる——というわけで、**母親の気持ちがいつも安定していること、いつでも笑顔でいることが本当に大切なことだ**と私は思っています。

それには誰か自分を認めてくれる人、話し相手がいるということが鍵になります。家庭でご主人が話を聞いてくれることが一番ですが、それも無理なようなら、ママ友や趣味の仲間、サークル、スポーツジムでも、なんでもいいのです。お母さんがいつも上機嫌でいられるのなら、韓流スターにハマるのだっていいでしょう。

お母さんがイキイキと楽しそうにしていることが、子どもが本来持っているやる気を呼び覚ますもとになるということを覚えておいてください。

57 親が感じたことを言葉にしていると、「感じる心」は自然に育つ

家庭での言葉の正確さが大事だということをお話ししましたが、それと同時に、**お母さんが感じる心を大切していることが、子どもの感受性を育てる意味でも、とても重要です。**

たとえば、子どもが「大きな魚だね」と言ったら、「うわぁ、本当に大きな魚だねえ！」と言ってあげられるような心の余裕を持ってほしいと思います。

とくに幼児期は、毎日が「うわぁ、うわぁ」という驚きや発見の連続ですから、お母さんのほうも、そのたびに共感し続けてあげる余裕や感性のようなものを大事にしてほしいのです。

これも私が師とあおぐ上里先生に教わったことですが、**子どもの感じる心を伸ばすには、お母さんが感じたことを言葉で表現するといいのです。**

「桜の花びらが桃色のじゅうたんみたいだね」

「あのお空に浮かんだ雲、わたがしみたいでおいしそうだね」

「だんだん葉っぱが赤く色づいてきたね」

「空気がおいしいねー。一緒に深呼吸しよう」

お母さんが感じたことをそのまま口に出してみるだけでいいのです。小さい子どもなら、お母さんの言ったことをそのままマネするかもしれません。

そんなお母さんの言葉を聞いているうちに、子どもにもいつの間にか感じる心が育っているはずです。

お母さん自身が感じたこと、発見したこと、きれいだなと思ったことを、あえて言葉にして出してみること――それにはお母さん自身も感受性が豊かで、素直な気持ちがないとできないことかもしれません。やはり心の余裕が必要でしょう。

58 「表現力」に差がつく"言い換え"の習慣

家庭での会話では、言葉の正確さや論理性だけでなく、表現力の豊かさも大切です。少し厳しいようですが、**親のほうに豊かな語彙《ごい》や表現力がないと、そこで差がついてしまうのです。**学歴だなんだと言っても、結局は**毎日の会話のなかで積み上がった学力が反映している**ような気がします。

たとえば「きれいだね」という形容詞ひとつとっても、きれいだと思う心も大切ですが、「紅葉が燃えるような色だね」「心が洗われるようだね」といったように、ひとつの比喩《ひゆ》の表現方法を伝えていくこともできます。

また、「あの夕焼けの色を茜色《あかねいろ》っていうんだよ」というように、言葉としての知識も伝えていくことも大切です。

同じひとつのことを伝えるのにも、いろいろな言葉で伝えることができる人、言葉の使い方が巧みだったり、奥行きを感じさせる人、言葉の表現がイキイキしていたり、ユニークな視点を持っている人。そういった人は、やはり家庭での会話習慣が土台になっています。

たとえば作文を書くにしても、「楽しかったです」が続いてしまったら、「これじゃ同じ表現になっちゃうからつまらないな。言い換えよう」と思えるのが語彙《ごい》が豊かな子どもです。そうでない場合は、そのちょっとした言い換えに対してアンテナが立たないから、「こんなもんでいいじゃん」となってしまうのです。

「かわいい」「やばい」「うざい」で友達同士の会話が成り立ってしまう現実がありますが、いろいろな言葉に置き換えることが大切な作業で、これは習慣以外の何物でもないのです。

友達同士の会話ならまだいいでしょうが、社会に出たとき、語彙や表現力の差はちょっとしたことで露呈してしまいます。ここまで来てしまうと、いますぐ語彙を増やそう、表現力を豊かにしようとしても無理で、確実に差ができてしまいます。

親も試されることになりますが、子どもの将来のためにも、事あるごとに豊かな言葉の表現力を身につけさせる努力をしてください。

59 集中しすぎて周りの声が聞こえない子に「大声」は逆効果

子どもに集中力をつけさせたいといったことを、お母さんたちからよく言われます。教育の現場にいると、結局は集中力ですべて差がついてしまうということを実感します。基本的に**集中力がある子があと伸びする**からです。

集中力をつけるには、幼児期に思いきり遊ぶこと、子どもの好きなことをとことんやらせることだと、第1章で述べました。もっと大きくなってからの話でいうと、勉強の喜びは失わせずに、野球やサッカー、水泳、絵や囲碁将棋《いごしょうぎ》などなんでもいいから何かに集中した子はあと伸びします。

中学3年生になって、部活が終わった途端に伸びるという話を聞いたことがあるかもしれませんが、これは本当です。つまり、勉強にも、スポーツと同じように集中力を発揮できるからなのです。スポーツをやっている暇があったら、その時間に勉強していたほうが結局勝つのでは、と思われるかもしれませんが、中学3年で部活をやめたあとの集中力にはかなわなかったりするのです。

ここでひとつお母さんに気をつけてもらいたいのは、過集中の問題です。過集中とは、文字通り集中しすぎてしまうということです。

過集中の子どもは、たとえばお母さんが「ごはんできたわよ」と言っても、お母さんの声が聞こえません。すると、何度言ってもわからないから、お母さんは次第にイライラしてきて、しまいには**「何回言ったらわかるの！」と怒鳴ることになります。**子どもはそうなってからようやく気づきます。気づくといつもお母さんが怒っているので、「うちのお母さん、いつも家で怒ってるんだよ」ということが多く、親子のすれ違いのもとになるのです。

過集中の子どもには、大きな声を出してもムダです。**話しかけるときには、トントンと軽く肩にふれて注意を向けさせるようにするといいのです。**そうすれば、お母さんも怒鳴る必要がないというわけです。

過集中の子どもは、親の声も聞こえないほどものごとに集中できるのですから、才能がある、将来が楽しみな子どもです。お母さんも接し方を変えて、見守ってあげてください。

60 口で言ってもダメなときは「行動」で示せ

集中力をつけるには、低学年のうちが勝負です。もちろん高学年からでも遅くはありませんが、低学年時代にベースをつくるにこしたことはありません。ポイントは、その子が打ち込める何かを見つけること。それは、先述したようにスポーツである必要はなく、絵でも囲碁将棋でもいいのです。

私の知っているところでは、画家の子どもは集中力があって、あと伸びしています。それは、幼いころから集中して絵を描いている親を見ているからではないかと思います。おそらく職業のなかで、これほど親が集中している姿を子どもが見ることができるものはないのではないでしょうか。そういう意味では、演奏家や作家の家庭もそうかもしれませんね。

つまり何が言いたいかというと、子どもが打ち込む何かを見つけてあげることは大切なのですが、そのためには、親が何かに打ち込んでいる姿を見せることがきわめて効果的だということです。

私の父親も囲碁が好きでした。子どものころ、父親がテレビで囲碁の番組が始まるとじーっと見ているのです。ずっと黙って見ているのに、ときどき「うーん」と言いながら考え込んでいます。私は面白くなくて、ほかの番組が見たいのになと思っていました。でも父親はこれだけは絶対ゆずらないのです。そのうち「よっぽど面白いんだな、まあ仕方ないかな」と思うようになり、「そんなに面白いんなら、いつかやらなきゃな」と思うのです。

子どもは、**親が言って聞かせる言葉以上に、親の行動を見ています。**たとえばお母さんが「いつまでテレビ見てるの！」と怒鳴っても、子どもに「お母さんだって、何だかんだ言って自分こそテレビ好きじゃん！」と言われてしまったりします。

親がどんなにいいことを言ったって、行動がともなっていなければどうにもなりません。会社だってそうですよね。口ではどんなに立派なことを言っても、朝早く出社して結果も出して……といったように、行動で示してこそ信頼されるものです。

子どもに口で言っても聞かなかったことが、親の行動を見せることで変わることもあるのです。

61 「きれいな字できちんと書きなさい」とよく言うお母さんへ

子どものノートを見て「字が汚い」ということを気にするお母さんがいます。子どもにはゆっくりていねいに字を書いてほしいというお母さんもいるでしょう。

もちろん、きれいな字をていねいに書くこと、きちんとした字を書くことはすばらしいことです。でもそれと同時に、**多少字は汚くても、速く書くべきときに速く書けることも、とても大切です。**

ノートの字がとてもきれいで、先生の板書を一文字ももらさずていねいに写している子がいます。これを「見て写し病」と呼んでいますが、写していることでわかった気になってしまうのです。高学年になり、板書の量が増えたときにこの「見て写し病」にならないためにも、適度な速さで書くことが必要なのです。

「もっときれいな字で、きちんと書きなさい」とお母さんに言われた子どもは、そのことに一生懸命になってしまいます。するとお母さんにほめられようときれいな字を書いているのに、肝心の内容が頭に入ってこないことになります。これが「きちんと母さん」の子どもに多い落とし穴です。

きちんと母さんに家で注意されている子どもは、ていねいできれいな字は書いているけれども、すべて写すだけで、大事なことだけを書くということができないのです。

これでは、どんなにノートをきれいに書いていても、話の要点や先生が一番言いたいことを的確につかんで、そこだけを速く書くことができる子に、あっという間に追い越されてしまいます。

とくに小学校に入ったばかりの1年生のお母さんは、ノートを見ては、「何、この字！　もっとていねいにきちんと書きなさい」と言ってしまいがちです。毎日そんなセリフを言い続けた結果、高学年になってノートの使い方がわからない子どもになってしまいます。

字を書く速さについては、現場で見ているからこそ言えることで、家庭ではお母さんも見落としがちです。

子どものノートを見ると何か言いたくなってしまうのが親というもの。でも、字のていねいさだけではなく、速さについても少し頭に入れておいてください。

第4章

「ニコニコ母さん」のもとで種は芽が出る、芽は伸びる！

——お母さんだからできる「環境づくり」の習慣

62 「イライラ母さん」から「ニコニコ母さん」に変わる方法

いまのお母さんは24時間、たった一人で子育てをしています。お父さんは帰宅時間が遅いので、真面目《まじめ》なお母さんほど、「私が頑張らなければ」と責任を感じてしまいます。

でも、子どもは思った通りにはなりません。愚痴をこぼせる相手がいればいいのですが、閉じてしまっているお母さんは、本当に孤独です。

お母さんの孤独については『孤母社会』（講談社）という本に詳しく書きましたが、本音を話せる相手もなく、深く孤立したお母さんは、いつもどこかイライラしてしまうのです。

子どもに問題が起こったとき、よくよく聞いてみると、お母さんの心の不安定が原因であることがとても多いと感じます。

現代は育児書や子育てのマニュアルが氾濫《はんらん》しているので、「母親はこうあるべき」といった情報に振り回されることも多いかもしれませんが、そんなことよりも、「自分がいつも大らかでニコニコしていられるためには何をすればいいか」と考えてほしいのです。

たとえば、**子どもが寝返りを打った、初めて歩いたときに素直に喜んだような大らかさを思い出してみてください。どんな難しいことよりも、お母さんがニッコニコならば、それだけで子どもは育ちます。**

では、お母さんがニコニコ穏やかでハッピーでいるためにはどうすればいいのでしょうか。

やはり、自分がやりたいことをやってみることではないでしょうか。

仕事でもいい、趣味でもいい。動き出すと楽しくなっていきます。**閉ざされた家で子どもと二人きりでいるよりも、社会に一歩足を踏み出すことで、誰かとつながっていると感じることができるようになるのです。**

家のなかで、じっと座って子どもだけを監視しているような状態から抜け出して、子育てだけに集中しないバランス感覚が芽生えることによって、子どものびのび育つのです。

63 一人で頑張らず、愚痴を言い合える仲間をつくる

お母さんがニコニコでいるためには、やりたいことをやって社会とつながることはもちろんですが、**愚痴を言い合える相手をつくることもとても大切です。**

毎日頑張っているお母さんが大らかな気持ちでいるためには、とにかく「受け止め手」が必要なのです。**ママ友との会話で発散できている人は問題ない**でしょう。

さらに理想を言えば、家同士でつながっているといいですね。たとえば3、4軒の家で連絡をとりあっていて、一緒にバーベキューに行くなど、本当に心から打ち解けて、子どもを預け合ったり、たまには夫婦二人で出かけることができたりする関係性があれば最高です。

そうすると、お母さんはものすごく楽になって、**顔つきが変わってきます。**イライラ母さんから、眉間《みけん》の輝くテカテカ母さんに変わるのです。

一番危ないのは、「きまじめ母さん」です。全部一人で抱え込んで、もうダメだとなっても誰かに頼ることもできず、頑張ってしまう。しまいには子どもにガンガン当たっ

てしまうパターンです。比較的、高学歴のお母さんに多いように思います。「人に頼れない病」というのでしょうか。

私たちは、もう一度、**人に頼ることを学ばなければいけないし、人とのつながりの大切さを知らなければいけないと思います。**

どうか、お母さんは孤独な子育てをしないでくださいね。人に頼ってください。そのためには、「あえて」外に出ていかないといけないでしょう。ただ、無理をしてまで出ていく必要はありません。

行きたくないのに無理してママ友のランチやお茶につき合うということではなくて、むしろどんどん上手に切り替えてしまいましょう。

誰かどこかに一人、本当に心を許せる友達ができたとき、お母さんの顔は変わります。そんな友達を見つけるためにも、まずは一歩、外に出てみることが大切です。

64 自分の子育てに「○」「×」をつけないで

「先生、あのころの私、おかしかったですよね。**正しい子育てをしよう、正しい子育てをしよう、と追い込まれていたんですよ**」

これは現在はニコニコ母さんですが、かつて小学1年生で盗癖《とうへき》のあったM君のお母さんの名言です。

なんでも○×《マルバツ》をつけたい時代です。どうしても正しい子育てがあるような気がしてしまうのです。でも、ここではっきり言いたいのは、正しい子育てはないということです。

M君は、幼稚園や小学校のものを何でもポケットに入れて持ち帰ってしまう子でした。お母さんが何回叱っても直らず、私たちのところに相談に来たのです。ところが、話を聞けば聞くほど、これはお母さんの問題だと感じました。

M君のお母さんは、とにかく孤独で友達がおらず、緊張の強い印象でした。「ママ友はいないのですか」と聞くと、「いません。私、ワイドショーとか見る母親とは話が合わなくって」と言うのです。見ていて痛々しく、無理をしているなという感じがひしひしと伝わり、「誰か助けて！　私の話を聞いて」という声が聞こえてくるようでした。

そこで私は、

「子どものことよりも、お母さん、月火水木金土、毎日外に出てください。会費500円の公民館のサークルでも、おけいこ事でも何でもいいんです」

とアドバイスしました。

たまたま1年後に街を歩いていると、向こうのほうから「高濱先生～」と明るいテカテカ母さんが手を振っているのです。見ると、M君のお母さんでした。

「変わりましたね」と言うと、「先生に言われた通り、月曜日から土曜日まで外に出てみたんです。そうしたら育児サークルで私と同じような状況のお母さんに出会って、初めて話を聞いてもらったんです」とのことでした。「高濱先生にも話せなかったことを全部言えたんです」と。

同じ状況、同じ立場の人と話すというのは、とてもいいのです。心のパイプが通じ合い、本当の会話ができるのですね。心を許して話せるというのは、とても重要です。

悩みの盗癖もすっかり消えてしまったといいます。つまり、M君の盗癖は子どもの問題ではなく、お母さんの問題でした。**お母さんが変われば子どもが変わるのです。**

65 正しい子育てはない。もっと自分を信じていい

「○歳だからこうしよう」「～のときはこうするとよい」といったマニュアルはたくさんありますが、**どんな子育て本や教育本よりも、お母さん、あなたの直観が一番正しい――。**

これは私が言い始めたことではありません。長く読み継がれているようなすばらしい育児書のなかでも、結局言いたいことはただひとつ「お母さんの直観を信じて」ということです。

わが子のことを一番わかっているのは母親です。「この子はちょっと無理しているな」「これはわがままで言っているだけだな」「これはやめさせてあげたほうがいいな」といったようなことを感じ取れるのは母親ならではでしょう。

習い事や進学先を選ぶときも、「これは違うな」と思えばやめればいいですし、「これはいいな」と思えばやらせればいいのです。

どんなすばらしい教育者も、孫には目がないおじいちゃんおばあちゃんも、わが子のことに関しては母親にはかないません。

もちろん、この本をはじめ、子育てや教育に関する本や情報はたくさんあります。それらのいいところは参考にしていただいていいのですが、やはり最後は自分を信じてください。

繰り返しますが、「正しい子育て」などないのです。答えはいつもお母さんの直観のなかにあります。お母さんはもっと自信を持っていいのです。

ただし、**困ったときは誰かに頼って、「楽しく」「みんなで」育てるくらいの気持ちでいると、本当に力が抜けて楽になりますよ。**

66

子どもの前でつい夫の愚痴を言っていませんか

「お父さん、今日も帰りが遅いわねえ」

「パパ、嘘つきだよね、ディズニーランド行くって言ってたのにね」

知らず知らずのうちにわが子に父親の愚痴をもらしていませんか？　この〝お父さんをないがしろにする文化〟が蔓延《まんえん》している家庭は要注意です。

毎日のように母親の何気ないつぶやきを聞かされ続けてきた子どもは、父親をバカにするようになります。脅《おど》かすわけではありませんが、家庭内暴力に発展したケースは、ほとんどがこの文化のある家庭です。

毎日遅くまで忙しく働く父親は、家庭での存在感が薄いものです。愛する家族のために一生懸命働いているにもかかわらず、頑張れば頑張るほど帰りは遅くなり、子どもにはそれがまったく伝わらない。皮肉なものです。

父親が家庭不在の間に、**母親が「弱い父親、ダメな父親」を演出してしまっているの**です。本当は決してそんなことはないのに、です。

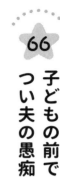

その理由は、お母さんが不安定だからです。

気づいてください。大げさではなく、それは病気なのです。

家事に育児にどれだけ一人で頑張っても、認めてもらえない。ねぎらいの言葉ひとつもない。「おいしいね」のひと言すらない。夫（父親）は「オレは外で働いているんだから、当然だろう」といった態度をとっている。これではお母さんがイライラしてしまうのも当然です。

夫（父親）の愚痴を言いたくもなるでしょう。でも、その愚痴を子どもに言ったら取り返しのつかないことになります。自分一人で抱え込んでしまう真面目なお母さんほど、この傾向があります。

まずはお母さんの心が安定することが第一。繰り返しますが、父親が無理なら、愚痴を言い合えるママ友、近所の知り合い、なんでもいいのです。外につながりを求めていきましょう。

67 キラキラした〝仕事をしているお父さん〟を見せる

母親から父親の愚痴を聞かされ続けて育った子どもは、父親を過小評価してしまいます。その状態のまま思春期になったとき、ささいなことがきっかけで家庭内暴力に発展することもあります。**「ダメな父親」のイメージを植えつけられているせいで、家庭で一番えらいのは自分だと思い込んでしまうのです。**

家庭内暴力とは言わないまでも、子どもが父親を尊敬できない、どこかバカにした文化が蔓延している家庭が増えています。その意識を一気に変えてしまう方法を紹介しましょう。それは父親の仕事を見せること。

小学校5年生のN君。軽く叩くくせがあるお母さんでしたが、5年生のあるとき、N君が叩き返してきました。そこでお母さんがひるんでしまったのです。

それが家庭内暴力の入り口でした。次第に、お母さんを殴る、蹴るの暴力が始まりました。

あわてたお母さんから電話で相談を受けた私は、「初期だから打つ手はありますよ」

と、**お父さんの仕事を見せること**を提案しました。

Ｎ君のお父さんの職業は大工《だいく》さんです。事情を話して特別に見せてもらったところ、そこには家でゴロゴロしているお父さんではない、「キラキラしたかっこいいお父さん」がいたのです。子どもにも、**社会の荒波にもまれて生きるって甘くないんだ。お父さんってすごい！**　と一見してわかります。これはとても効果がある方法です。

もちろん、デスクワークのお父さんでも大丈夫。**仕事をしているときは誰でも迫力があるもの。まったく違うキラキラしたオーラがにじみ出ているものです。**私の経験上、商店街などのお店を経営している家の子どもには、問題が少ないのです。頭を下げ、汗をかいて働いている姿をずっと見続けているからでしょう。

仕事の姿を見せることが難しくても、日ごろからできることはあります。お父さんが仕事でいなくても、お母さんは〝意識的に〟「お父さんってすごいんだ」という演出をすること――間違っても子どもと一緒に父親をバカにすることはしないでください。

68 「お父さん、すごーい」と言われる〝父と子の遊び〟をつくりだす

お母さんの大切な役割として、父と子の遊びをつくりだしてほしいということがあります。これは「お父さん、すごーい！」と思わせるのが目標です。つまり、戦いごっこをしてもかなわない、荒波を生き抜く男の筋肉の強さを見せるということです。

不登校やひきこもり、家庭内暴力などの家庭に共通しているのは、お父さんが子どもと遊べていないことです。お父さんも、子どもとどう遊んでいいのかわからないのです。

お母さんが怪獣ごっこをやってもやはりダメで、男というものは本当に怪獣になりきるものです。この「なりきれたかどうか」は、お父さん自身が小さいときに遊べたかどうかということです。

でもいま、これができないお父さんが多いのです。なぜなら、お父さん自身がオタマジャクシ時代に、ママにとってのいい子だったために、やんちゃをやってきていない。大切な時期に遊びこんでいないのです。それが、自分が父親になったとき、わが子の問題として出てきてしまっています。遊べないというのは、それほど危険なことなのです。

花まる学習会では、「親子探偵団」といって、お父さんと子どもが遊べる場を提供する企画があります。たとえば、写真と地図を渡して目的地に行くにはどうすればいいのかといったことを、親子でやってもらいます。男は地図を読むのは得意ですから、これをやった翌週の子どもの作文を見ると、「こんなにかっこいいお父さんを初めて見ました」と書いてあります。

いまは、あえてこのような場を設定しないと難しい時代なのかもしれません。

子どもと広い公園に行ったのに、何をして遊んでいいのかわからないお父さんに相談を受けたことがあります。私は、

「簡単ですよ。5歳くらいまでなら鬼ごっこをやってください。それで十分ですよ」

と言いました。遊びの基本は何と言っても鬼ごっこです。ぐっとにらめば必ず反応してくるのが子どもです。**子どもというのは目線が大事で、「目」だけでも遊べるのです**よ。

先ほどの「お父さんの仕事場を見せる」と並んで、釣りでも鉄道の旅でもなんでもいいので、**お母さんは、お父さんが得意とすることで子どもに「かっこいい、お父さんはすごい」と言われるような状況をつくってあげましょう。**

69 お父さんには「父親の役割」を果たしてもらう

子どものころに遊びこんでこなかったお父さんに代表されるように、最近、オスになりきれていないお父さんが増えてきているような気がします。

たとえば勉強の面でも、子どもが考えているのを待てずに横から口を出したり、勉強を見ているうちに感情的になって怒ったり。こういったことは、いままでは母親（女性）特有のことだったので、お母さんに注意すればよかったわけです。

ところが、子どもの教育に対して熱心なあまり、まるで母親のようにキーッとなってしまうお父さんが最近増えてきています。いわば**「お父さんのお母さん化」**です。

以前は、「算数の文章題をどうしても見てあげたいなら、お父さんに見てもらったほうがいいですよ」と言えたのですが、ここ10年ほどで、ちょっと変わってきたぞ、というのが私の実感です。

つまり、まるで**母親のように、子どもをきつく問い詰めてしまう**。以前だったら、感情的になるお母さんに対して、「まあ、いいじゃないか」とお父さんがたしなめたものですが、時代の変化でしょうか、学校に文句を言いに行くのもお父さんであったりすることもあります。

どーんと構えて子どもと体ごとダイナミックに遊んで、怒るときは震え上がるほど怖くて……男とはこういうものだろうと思っていた型に当てはまらない、きめ細かで、女性的なお父さんが増えてきたということなのかもしれません。

育児にも協力的で、やさしいお父さんが悪いわけではありません。まして男は外で働き、女は家を守っていればいい、という気持ちは毛頭ありません。

ただ、人間が本来もっている、オスとしての、メスとしての役割というものを、子どもに示してあげるべきなのではないでしょうか。

70 男と女は違う生き物！夫を上手に操縦する「メシ一番法」

私も含めて、**男というものは単純で、子どもで、すねやすい生き物です。**つまり、大きな子どもなのですね。**いつでも家族のヒーローでいたいのです。**

そんな男の上手な操縦法を伝授しましょう。簡単なことです。**ポイントは、ズバリ「ごはん」です。**

男にとって「ごはん」は非常に重要で、とても愛着があるものです。動物論として、えさを与えてくれるお母さんになつくようにできているのです。

それなのに、遅く帰宅すると、残り物の冷や飯にラップがして置いてある。「チンして食べろということか」と食べますが、これが毎日繰り返されているなかで、「家族を愛せ」と言われても、無理な話です。もちろん、裏切る気持ちはありませんから、我慢して頑張っているのです。でも、ごはんさえちゃんとしてくれたら、男はもっと頑張れるのです。

では、どうすればいいかというと、とっておきの方法があります。

まず、ごはんを食べるときに、「はい、お父さんから」と言ってごはんを出すのです。ファミレスでも、注文するのは「お父さんが先」。夕飯時にお父さんがいないときは、必ず「はい、まずお父さんのから取りますよ」といってラップをかけるのです。子どもが文句を言っても、

「お父さんなんだから、お父さんが一番に決まってるでしょ！」

これだけ言えばＯＫです。

それを知ったときの男の喜びというのは、言葉に表せないものがあります。女性から見たらバカバカしいと思うかもしれません。でも、こみ上げる喜びは隠せないものがあるはずです。

冷や飯を食わせておいて、夫が協力してくれない、理解してくれないと夫婦お互いがぶつかり合っていてもダメです。

お互い違う生き物であることを痛感して、夫を上手にいい気分にさせるほうが早いのです。

お父さんを尊重しているよ、感謝しているよ、という姿勢を見せるだけで、男は変わってきます。

71 「いつも通りの家」が子どもを救う

人生には挫折《ざせつ》や失敗がつきものです。むしろうまくいくことよりも、思うようにならないことのほうが多いでしょう。わが子がつらい思いをしているときに、親はどんな態度をとればいいのでしょうか。

たとえば子どもがいじめにあっていると知ったとき、低学年であれば、ひたすら話を聞いてあげて、受け止めてほしいということを第1章で述べました。「親がケンカに乗り込み、子は友を失う」といったケースにならないように、親だからこそできる無条件の愛情と応援で支えてあげたいものです。

一方、高学年になると、子どもはなんでも親に話してくれるわけではありません。そんなとき、次々に現れる壁やストレスを子どもが一人で克服できるように、〝**心の自己治癒力**〟を育んでおく必要があるのです。

私は5年生のときに、頭が大きいということでクラス中からからかわれていました。朝、教室に入ると、クラス全員が「でこっぱち！」の大合唱。初恋の女の子まで、口が

「でこっぱち」と動いている！　そのショッキングな光景は、いまでもはっきりと思い出せます。

いじめというものは、もじもじしてしまうと増幅するもので、私もご多分にもれずもじもじしてしまったために、いじめが本格化してしまったのです。

そのころは、まるで真っ暗闇の中を一人で勉強しているようでした。球磨川《くまがわ》を見ながら「死んだほうがいいかな」と思ったこともありました。ちなみに、あるアンケート調査で自殺を思いとどまった理由のダントツの1位は、**「あのかわいがってくれたお母さんに申し訳ないから」**だそうです。私もそうでした。

母親は何か感じたのでしょう。「あんたは顔に全部出てる」と言われていた私ですが、いじめが始まったその日だったと思います。私を呼んで、じっと顔を見て言いました。「正伸、言っとくけどね、**お母さんはあんたが元気ならよかとばい。わかっとる？**」とギューーッと抱きしめたあと、「はい、行きなさい」と。ただそれだけでしたが、ふわーっと霧が晴れ、よどみがとけたような気持ちになりました。

この母の〝この家にいる限りは安心〟という感覚ですね。つまり、**子どもにとっては「いつも通りの家」をキープしてあげることが一番の力になる**ということなのです。

72 この〝母の絶対的な存在〟が心の支えになる

私は5年生のとき、いじめにあっていましたが、母がいてくれる安心感、いつも通りの家がそこにある安心感で乗りきることができました。**学校では地獄でも、家に帰って癒されることの繰り返しのなかで、次第に強くなっていきました。**その結果、児童会副会長の立候補で登壇するときには、もう強い自分になっていました。

まず全校生徒の前で、「私が頭がでっかい高濱正伸です」と言って、帽子をとって横を向いて見せたのです。「おー」という声がしました。次に「みなさんの2倍、3倍の脳みそが入っております」と言って頭をマイクにぶつけたら、これがウケました。その日から、いじめはピタッとなくなりました。いまでも昨日のことのようによく覚えていますが、電車の線路の切り替えのように、人生の方向が切り替わった日でした。

いじめは、笑いにもっていかれるとなくなってしまうものです。なぜなら、いじめがいがないからです。毎日死ぬような思いのなかで**自分で乗り越えて勝ち取ったこの経験は、私にとって一生の宝です。そして、それを支えてくれたのは、いつも通りの家をキ**

ープしてくれた母だったのです。

高学年のいじめに関しては、先生が問題を深刻化してしまうことがよくあります。ですから、母親は事件化せず、黙って見守ってほしいのです。これは本当に大変ですし、つらいでしょう。でも**ピンチのときだからこそ、母親の言葉は一生心に残ります。**

リンチのようなひどいいじめにあっていたという青年から聞いた話です。

土のなかに首まで埋められたような経験をした帰り、母親に「なに、あんた、汚れて！」と聞かれたそうです。母親には言えず、「どぶに落ちちゃった」と答えたあとの母親の言葉がすばらしいのです。

「あんた、何か隠してるね。いいよ、何も言わなくて。でも、これだけは言っておくけどね。**どんなことがあっても、お母さんはあなたの味方だよ**」

その言葉を思い出して、僕は頑張りました、とその青年は言っていました。

母親の存在はとても大きいものです。**「この子が一生頑張り抜けるかどうかは、私の姿次第なのだ」**と思ってください。子どもが何人いても、その子から見たら、たった一人のお母さんです。お母さんの絶対的な存在が子どもの支えになるのです。

73 10歳以降は「頼りになる師匠」を見つけること

今や習い事を何もしていない子を探すのが難しいほど、子どもに習い事をさせるのが当たり前になっています。

「習い事が多すぎると、子どもがリラックスする時間がないのでは？　やらされている子どもがかわいそう……」

かつてはそんな声も聞きました。でも、最近実感として思うのは、習い事も子どもが楽しんでやっている限りは必要なことだということです。

先日も雪国スクールの帰りに、子どもたちに「習い事は何をやってるの？」と聞いてみたところ、みんな7つも8つも答えるので驚きました。「大変だね」と言うと、子どもたちはイキイキと、厳しい先生がいることや、失敗するとこんなことをされるといったことなどを、楽しそうに話すのです。

いまは習い事＝親にやらされている、といったことは少なくなっているのかもしれません。みんな好きで楽しんでやっているし、時に厳しく、時にやさしく楽しい、いい

「外の師匠」を持っているなという印象を受けました。

習い事は、基本的に本人がやる気を持って頑張っていれば大丈夫。**何をいくつ習っているかということよりも、本人がイヤがっていないかどうか**を見てあげてください。

唯一、「子どもたちの夕方の自由な時間を奪ってしまっている」ということに対して、いまだに忸怩《じくじ》たる思いがあります。本来、学校生活こそが、最もイキイキと楽しい場であるべきですし、「いい師匠」に出会う場であるべきでしょう。それが難しいから、外に求めるということなのでしょうね。

親があれこれ口を出して世話を焼くのは低学年まで。繰り返しますが、**小学校高学年からは、「オタマジャクシから若いカエルになったんだ」と母親が意識を変えて、子離れすることが必要になります。**

4年生くらいになると、「もう自分でできる」という自立心が芽生え始めますから、親から何か言われることをとてもイヤがります。そのためにも、習い事や塾でもいいですから、叱るときはビシッと叱ってくれるような、外の師匠を見つけてあげるようにしましょう。

74 「本を読め」ではなく、親が読書をする姿を見せる

「子どもを本好きにさせたいのですが……」

「うちの子、本をまったく読まないんです」などと言われることがよくあります。

お母さんやお父さんが本が好きで、家庭のなかで熱中して読む姿を見せると、子どもも自然に本を読むようになることが多いようです。子どもに自発的に本を読むようにさせるためには、やはり圧倒的にお母さんが本を読む姿を見せることが効果があります。

小学2年生のOちゃんとお母さんが、花まる学習会の保護者面談のために、廊下に座って待っていたときのことです。お母さんは座るとすぐにバッグから本を取り出して読み始めました。お母さんは、少しでも早く読みたいといった感じでした。すると、Oちゃんも同じように、バッグから本を取り出して読み始めたのです。

二人とも本がとても好きで、本に熱中している様子でした。Oちゃんは優れた読解力を持っている子でしたが、その姿を見て、さもありなんと納得しました。

子どもにとってお母さんの姿は毎日見るものですから、そのお母さんが家事の合い間

に時間を惜しむように本を読んでいる姿を見たら、子どももこんなふうになるのでしょう。

ただ、家庭に本を読む文化がない場合でも、あせる必要はありません。基本的に読書は強制されて読むものではありません。子どもに無理やり本を押し付けても、本嫌いにさせるだけです。私自身も小学校時代、本はまったく読みませんでした。読書の面白さに目覚めたのは思春期に入ってからです。

男の子によくあるのが、思春期に悩みを解決してくれる本に出会って、本好きになるパターンです。

このころはもう親から距離を置きたがる時期です。部活や勉強、恋愛や性のことなど、悩みは尽きません。親にも相談できないそんな悩みの答えが、本のなかに書いてあったりします。そんないい本との出会いがあった場合は、本好きな子になります。

小学生時代は、「本を読みなさい」と読書を強制するのではなく、お母さんが読書に没頭する姿を見せる、自分の読書体験や本で感動したことを素直に伝えていくことをしていければいいいのではないでしょうか。

75 親が学ぶ姿勢を見せてこそ、子どもは勉強する

「本を読め」と言うよりも、親が読書しているところを見せる、ということに代表されるように、子どもは口で言うより、親の行動・姿で示したほうが納得し、自分もやってみようと思うものです。

たとえば第3章でもお話しした「辞書を引く」という行為もその一つです。わからない言葉があると、子どもはよく「これって、どういう意味?」と聞いてきます。

そのときに忙しいからと**子どもの顔も見ずに「自分で調べなさい」と言うか、「いいことに気づいたね。一緒に調べよう」と親が受け止めて一緒に辞書を引くか**によって、まったく違ってくるのです。

子どもは親の行動を見ていますから、いくら「わからなかったら辞書を引きなさい、辞書を!」などと口で言ってもムダです。

親が勉強する姿を見せるというのも、子どもにとっては「勉強しろ」と言われるより効果があります。

私の母は看護師で中学卒業後に看護学校に通いましたが、結婚後は私たち3人きょうだいを育てながら、高卒の資格を取るために勉強していました。私自身も「勉強しなさい」とは一度も言われませんでしたが、その母の姿勢に、とても強い影響を受けたと思っています。

人は強制されて何かをやっても、やる気が起こりません。親自身が、

「わからないことがわかるようになるのは楽しい」

「もっといろいろなことを知りたい」

「調べて、わかるとスッキリする」

という気持ちを常にもっていれば、口うるさく子どもに言わなくても、子どもも自然に学んでいくでしょう。

子どもはもともと伸びる芽を持っています。わからないことは知りたいし、新しいことはやってみたいと思うものです。

一番身近にいるお父さんお母さんが知識欲や学ぶ姿勢を忘れずに持ち続けて、その芽をすくすくと伸ばしてあげてください。

76 優秀な子は子ども部屋で勉強しない理由

勉強や宿題をさせるのは、親の目の届くところで、というのが私の考えです。

「伸びる子は、リビングや食卓などのテーブルで勉強をしていた」という調査結果を聞いたことはありませんか。有名進学校に合格した子どもたちも、みんな親の目の届くところで勉強をしていました。

子ども部屋があるのはいいのですが、小さいころから子ども部屋で勉強をさせようとしても、うまくいかないケースが多いようです。

なぜなら、どんなふうに勉強に取り組んでいるのか、お母さんには見えないし、子どもがわからないことがあったときにも、「ちょっと、お母さん」と気軽に教えてもらいにくいからです。

子ども部屋で静かにしているなと思ったら、マンガやゲームに没頭していた、などというケースもあります。

花まる学習会では勉強をするときの基本として、姿勢と鉛筆の持ち方については、繰り返し言い聞かせていますが、物理的に離れていては、姿勢ひとつ、鉛筆の持ち方ひとつも注意できないでしょう。

それに実際のところ、勉強部屋を与えても、小学生の場合はほとんど勉強机で勉強しない子が多いのが現実です。私も小学校のときに机を買ってもらったのですが、机では勉強しませんでした。

子どもは、お母さんの気配を感じて安心するものです。お母さんが横に座って宿題を見てあげるということではなくて、ただ台所でごはんをつくっているそのそばで勉強をすると、やる気になるのです。

やはり家庭はホッとできる場所であるべきです。子どもは、基本的な安心感があって初めて、何かをやろうという気になるのです。

77 面白くて論理的なお父さんを有効活用

父親は子どもの勉強にどう関わればいいのでしょうか。

父親だからこう、というものが特別にあるわけではありませんが、幼児期までなら、お父さんが自分で話を作って**読み聞かせ**のようなものをすると、子どもは非常に喜びます。

なぜなら、お父さんの話は比較的ユーモアがあって、ハチャメチャで面白いから。とくに男の子は、自分を主人公にして、「ただし君はそこに侵入しました」「転がってパンツが脱げてしまいました」みたいな、ばかばかしい作り話が大好きです。そういったものは、お父さんのほうが得意ではないでしょうか。

次にもう少し大きくなって、たとえば「漢字だけはやらない！」と子どもが言い張るようなとき、母親は負けそうな状況になることがあります。ここは父親の出番です。「漢字やらないって言ったのは、おまえか！」とガツンと言える、殺されそうなくらいの**威圧感で叱れる**のは父親しかいません。

第3章でも話した「言葉の厳密さ」や「論理性」について、異性ならではの視点でお父さんも子どもに指摘してあげてほしいと思います。いろいろな家庭を見てきて、**お母さんだけでなく、お父さんが言葉に厳しい家庭は、さらにレベルが高くなる傾向がある**と感じます。

ある程度伸びそうな子の場合、たいていお母さんは言葉に厳しくしているものです。ところが、お父さんが、「大丈夫だよ、それぐらい。俺だって食えてるんだから」と言ってしまうようだと、最後の最後に差がつくという印象をもちます。

男性はおおむね言葉に対して緻密《ちみつ》で論理的な会話を好みますから、そこを利用しない手はありません。

「その言葉はここでは使わないだろう」とか、「オレが聞きたいのは○○じゃなくて、××のことだよ」などと、男性特有の融通の利かなさを発揮してもらって、子どもに明確に言わせるようにするのもいいでしょう。

女性は、子どもが「話しているしぐさがかわいい」とつい許してしまったり、「こう言いたいのよね」と察してあげてしまう面があります。そこを男性ならではのしつこさとマニアックさで指摘するくらいがちょうどいいバランスです。

78 子どもの悩みは「夫婦の協力」で解決できる

勉強や性格、きょうだい関係、友達づきあいなど、子どもの悩みは尽きないものです。もちろん子ども自身と話し合ったり、先生に相談したり、ママ友に聞いてみるのもひとつの方法ですが、一番大切なことがあります。それは、夫婦で話し合うことです。

何度繰り返しお話ししてもいいくらいですが、**オタマジャクシ時代の悩みごとは、夫婦で力を合わせれば、たいてい解決してしまいます。**

でも、妻の話を右の耳から左の耳に流してしまうのが男です。妻が子どものことで相談しても、ごはんを食べながらテレビを見て、「そうかー、何とかしなくちゃな」と言っているようではダメです。それで毎日が流れていってしまい、結局、子どもが犠牲者になってしまうのです。

勉強が伸びない子、運動が苦手な子、友達づき合いで問題のある子、怒りっぽい子など、どんなケースでも夫婦が話し合って何かしら対策をとったことで、子どもが変わったという例は本当にたくさんあります。

夫婦の会話が少なくなった、夫の帰宅が遅くて無理、忙しくて何も話を聞いてくれないといった不満はあるかもしれませんが、子どものためです。勇気を出して、しっかり二人で向き合い、話し合ってほしいと思います。いま、目の前にある問題から逃げないでください。

テレビを消して、子どもが寝たあとに「子どものことで相談したいことがある」と妻に言われたら、たいていの父親なら何とかしようと思うはずです。それでも無理なら、夫婦の関係を見直さなければいけません。

いま、何か相談しにくい関係になっているご夫婦が多いのかもしれません。私は父親向けの講演会も行っていますが、この話をすると、お父さんたちはその瞬間うつむいてしまうので、わかるのです。でもお父さんたちだって、本当は何かしてあげたい、やりたい、という気持ちでいっぱいなのです。

ほかならぬ子どものためです。すぐに対策をとれば解決できたものを、話し合いもせず、忙しさにかまけてうやむやにしたままでは、取り返しのつかないことになりかねません。とくに低学年のうちは、夫婦でしっかり協力すれば、打つ手はいくらでもあるのです。

79 お父さんには「聞き上手」になってもらう

この章の初めに、愚痴をこぼす相手がいない「イライラ母さん」のことを書きました。お母さんの話し相手として、ママ友やサークルなどもとてもいいのですが、やはり、一番の味方はお父さんでしょう。

男は女性の話を聞くのが苦手です。論理的に考える生き物である男からすると、女性の話は、

「で、結局、何が言いたいの？」

と思わず言ってしまいたくなることも多いのですが、私は学習しました。実は女性は、アドバイスを求めているわけではないのですね。とにかく話を聞いてほしいのです。

仕事から帰ってボーッとしたい男は、とにかく「話を聞いていない」ものです。そこが女性の一番の不満のようです。これが毎日繰り返されると、「あの人（夫）に言ってもしょうがない」ということになってしまうのです。夫が仕事を頑張ってくれているのは頭ではわかっている、でも気持ちの持って行き場がなくてイライラしてしまうのです。

感情の持って行き場がなくなると、犠牲になるのは子どもです。「ハーッ、お父さん、今日も遅いよね」と、ため息まじりに子どもに対して父親の愚痴が始まるというわけです。

そして、ここはお父さんにもぜひ読んでいただきたいのですが、**妻の話はカウンセリングマインドをもって聞いてください。言われた言葉を繰り返し、受け止める**のです。難しいことではありません。

「お隣の奥さん、転んで足、ケガしちゃったんだって」「へえ、足、ケガしちゃったんだ」

これだけでも「話を聞いてくれている」という印象になり、妻の気持ちはまったく違います。さらに**「共感」できれば二重丸です**。この会話の例で言えば、

「うちの前もすべりやすいからなぁ。気をつけないとな」という具合です。

そして、できれば会話の端々に妻へのねぎらいの言葉をかけてあげてほしいのです。育児はどんなに頑張ってもほめてもらうことがなく、誰からも認められていない気分になるものです。

「お疲れさま」「頑張ってるね」「大変だったね」といった簡単な言葉をかけるだけでも、妻は本当に報われた気持ちになるものです。

80 忙しいお母さんは、子どもと一対一でふれ合う「しくみ」をつくる

仕事をもつお母さんが増えてきました。

私は常々、父親不在で母親が家庭で孤軍奮闘している「家族カプセル」の問題について危惧《きぐ》してきました。そして一人で頑張って追い詰められているお母さんの多くが専業主婦であることもわかりました。

実際、母親が仕事を始めたことで、認められ、評価されてイキイキと変わった例をたくさん見てきましたので、仕事をしたい女性は大いにしてほしいと思っています。

仕事を始めると子どもと接する時間が少なくなってしまうのでは、と心配されるお母さんがいますが、大丈夫です。**子どもに多くの時間を割けなくても、「一対一」になれる時間をつくるようにする**のです。とくに、きょうだいがいる場合は、必ず一対一になれるようにするのがコツです。

たとえば、**寝る前に一人ずつ抱きしめる**ということでもいいでしょう。お兄ちゃんを抱きしめているときに弟が割り込んできたら、「今はお兄ちゃんとの時間！」ときっぱ

り言って、一対一の空間をつくるのです。それ以外にも、土曜日の買い物はお姉ちゃんとする、日曜日の朝は弟と散歩するなど、**「スケジュール」にしてしまうのがコツです。**

塾や習い事の送り迎えは、母親と一対一になりやすいですし、必ずスケジュールに入っていますからおすすめです。

子どもとの時間をつくるのに、お母さんの「心がけ」でやろうとすると失敗します。やろうやろうと思いながら月日がたってしまうのが人間です。

決まったスケジュール、決まったしくみをつくってしまうのが、一番実行性があるのです。

子どもたちはお母さんと一対一になることを本当に望んでいます。子どもにとっては、何といってもお母さんなんですよ。

お母さんが世界中で一番好きですし、お母さんを喜ばせたくて生きている、宝物のような時期なのです。

短い時間でも、しっかり一対一でふれ合えていれば、お母さんが働いていても大丈夫。自信を持って仕事をしてください。

81 大人がイキイキと楽しそうに生きる

学習意欲がわく家庭環境とはどんなものでしょうか。

すでにお話ししたように、基本的に子どもは意欲を持っているものです。ですから、その「意欲をふさがない家」ということになるでしょう。

具体的に言えば、言葉や会話が豊かな家庭であったり、お父さんやお母さん自身に何か好きなものがあって、それに打ち込んでいるような家庭ではないかと思います。

たとえば、囲碁でも本でも、何でもいいのですが、大好きなものがあって、一生懸命それに対して調べ物をしていたり、書き物をしていたりする様子を子どもが見ているのがいいですね。親が何かに集中しているところを、上《う》っ《わ》面《つら》ではなく行動で見せるということでしょうか。

人間は、基本的に人生に肯定的であれば必ず何かやりたがるものである、と私は思っています。それにはまず、大人が人生に肯定的であることが大事です。**大人がイキイキと楽しそうに生きていれば、子どもだってたいていのことはやりたくなる**はずです。

朝起きて、「さあ、何をやろうかな」と思うのが自然なことなのです。それに対して、たとえばお母さんが「あんな人と結婚したから、私はこうなった」とかどうしようもないことや過去のことについていつまでもこだわっていたり、同じことをグルグル繰り返して悩んでいたりすると、子どももアンハッピーですよね。なっちゃったものはなっちゃったんだ、どうにかなるさ、やり直せるさ、というような気持ちがとても大事なのです。

実は、**私が子どもに一番伝えたいことは、「楽しく生きようよ、人生楽しいよ」ということなのです。**それが私がいまこの仕事をやっている主たるテーマであり、「仕事って楽しいよ」ということを伝えたいのです。楽しそうに働いている大人を見たら、子どもも「早く大人になりたいな」と思うでしょう。

事実、仕事は本当に楽しいものです。そうでなければ意味がないでしょう。そんな仕事に出会えた私は幸せです。

どこかで「やらされている感」や時間の切り売りばかりしていると、だんだんつらくなってきてしまうでしょう。ですから、子どもの意欲をふさがないことは、突き詰めていくと、親自身の生き方が問われていると言えるのです。

エピローグにかえて

講演の折に鹿児島県の「知覧《ちらん》特攻平和会館」を見学しました。そこには知覧の飛行場から飛び立っていった特攻隊の遺品や手紙などが展示してあるのです。もうすぐ旅立つというときに書いた母への手紙を読んで、その圧倒的な迫力に私は泣きました。

もちろん、このようなことは二度と繰り返してはいけないという結論自体は間違っていないと思います。でも、ただただ感動したのです。置かれた状況で、人のために自分の命を投げ出す覚悟を決めた彼らの、母への思いに心が打たれたのです。

お母さん　お母さん
今俺は征く

母を呼べば
母は山を越えてでも　雲の彼方からでも馳せ来る
母はいい
母ほど有難いものはない
母！　母！

（九段隊　中村実隊長の手紙より）


生死の際《きわ》で心にわき上がるのは、やはり母なのです。

こう書くと、「親としてプレッシャーがかかる」「私はそんなに立派な母じゃありません」と思う方もいるかもしれませんが、大丈夫です。

百点満点の人なんていないですし、失敗もやりすぎもあるのが人間です。そんな人間らしい人間として、精いっぱい子どもをかわいがればいいのだと思います。

今も昔も、子どもはお母さんが大好きです。愛する母のために頑張るのが子どもです。

力まず、素直に、あなたのままで、子どもを愛してあげてください。それが子どもにとって一番必要なこと。逆にそれさえあれば、多少の波はあろうとも、子どもはぶれません。それが、子どもたちを間近で見てきた私の実感です。

最後に、この本は、私の講演会を聞き、インタビューをして、樋口由夏さんと青春出版社プライム涌光の野島純子さんがまとめてくださり、私が朱を入れる形で仕上がりました。お二人の温かい協力なくしては形になりませんでした。ありがとうございました。

高濱正伸

本書は2012年5月に小社から刊行された『伸び続ける子が育つお母さんの習慣』を文庫化に際して加筆・修正し、新規原稿を加えたものです。

青春文庫

伸《の》び続《つづ》ける子《こ》が育《そだ》つ お母《かあ》さんの習《しゅう》慣《かん》

2018年6月20日　第1刷

著　者　高《たか》濱《はま》正《まさ》伸《のぶ》

発行者　小澤源太郎

責任編集　株式会社プライム涌光

発行所　株式会社青春出版社

〒162-0056　東京都新宿区若松町 12-1
電話 03-3203-2850（編集部）
03-3207-1916（営業部）
振替番号　00190-7-98602

印刷／大日本印刷
製本／ナショナル製本

ISBN 978-4-413-09699-7